椰子槟榔文化

王挥 李静 李杰 主编

中国农业科学技术出版社

图书在版编目（CIP）数据

椰子槟榔文化 / 王挥，李静，李杰主编. -- 北京：中国农业科学技术出版社，2024.12. -- ISBN 978-7-5116-7261-2

Ⅰ．G127.66

中国国家版本馆CIP数据核字第2024WT5080号

责任编辑	闫庆健
责任校对	王　彦
责任印制	姜义伟　王思文

出 版 者	中国农业科学技术出版社
	北京市中关村南大街12号　邮编：100081
电　　话	（010）82106632（编辑室）（010）82106624（发行部）
	（010）82109709（读者服务部）
传　　真	（010）82106632
网　　址	https://castp.caas.cn
经 销 者	各地新华书店
印 刷 者	北京捷迅佳彩印刷有限公司
开　　本	140 mm×203 mm　1/32
印　　张	6.5
字　　数	160千字
版　　次	2024年12月第1版　2024年12月第1次印刷
定　　价	98.00元

版权所有·侵权必究

《椰子槟榔文化》编委会

主　编：王　挥　　李　静　　李　杰

副主编：黄丽云　　范海阔　　寇田田　　游　雯

编　委：弓淑芳　　刘小妹　　齐　兰　　刘　帆

　　　　闫恒芳　　冯紫菁

前言

椰子、槟榔是全球热带地区重要的经济作物，也是海南省委省政府提出重点发展的"六棵树"产业，在促进热带地区乡村振兴、文化传承、生态文明建设等方面发挥着重要作用。

椰子（*Cocos nucifera* L.）是棕榈科椰子属植物，在热带沿海地区无处不在，可为人们提供食物、燃料、民间医药和建筑材料等，被誉为"生命之树"。椰风海韵和由椰子生产的各类美食、工艺品、建筑物等与热区人民生活密不可分，也构成了热带地区重要的文化标志。

椰子在太平洋、东南亚地区具有深远的文化和宗教意义，无论是绘画、雕塑还是手工艺品，椰子都是常见的创作元素，大量椰子相关的神话、歌曲和文化知识口口传承至今。椰子作为道具，在宗教仪式中也扮演着重要角色。在印度教等以"万物有灵"为教旨的宗教中，椰子被视为神圣的物品，应用于各种宗教仪式中。

椰树在海南的文化中占据着非常重要的地位。海南人民种椰树、爱椰树、敬椰树。"扎根守土、坚韧不拔、无私奉献"的椰树精神深深根植于海岛人的文化血脉中,以椰子为题材的书画作品、舞蹈、诗歌千百年来层出不穷,书写着海南人民对椰树的无限情谊。

西汉文学家司马相如在《上林赋》中记载:"留落胥余(一作"胥邪"),仁频并闾……",其中的"胥余"即为椰子。中唐名相李德裕被贬崖州也记载"岭水争分路转迷,桄榔椰叶暗蛮溪";海南大才子、明代文渊阁大学士丘浚在《椰林挺秀》中写道"千树榔椰食素封,穹林遥望碧重重。腾空直上龙腰细,映日轻摇凤尾松。山雨来时青霭合,火云张处翠荫浓。醉来笑吸琼浆味,不数仙家五粒松"。沈佺期(唐)所作五言律诗《题椰子树》,全诗云:"日南椰子树,香袅出风尘。丛生调木首,圆实槟榔身。玉房九霄露,碧叶四时春。不及涂林果,移根随汉臣。"这首诗风格清新自然,用语隽秀,形象生动地描写了椰子树出尘的风姿与仙露佳品一样的果实,令人读诗而口舌生津。

现代文人对椰子赞不绝口。"伟岸参天树,无枝叶如瀑。偎干缘硕果,琼浆装一壶。"这是现代许文君先生口中赞颂的椰子,让我们感受到其诗中浓浓的桑梓之情。田汉、郭沫若等亦曾对海南的椰树、椰林有所描绘。田汉《椰林今日亦长城》云:"当年战血成红果,一饮琼浆百感生。十八万株三十里,椰林今日亦长城。"以上皆可看出椰子已经渗透到各国人民的文化、社会、宗教和语言矩阵中。

槟榔被称为"绿色小金子",是海南"六棵树"产业中产值最高的"摇钱树",肩负着海南(特别是中西部贫困地区)230万农民的脱贫增收重担。

槟榔在世界各热带国家和地区种植历史悠久,与人民生活融为一体。宋代诗人陆游、苏轼分别写出了脍炙人口的赞美槟榔的诗词《读史》和《咏槟榔》,黄庭坚在《几道复觅槟榔》中所写:"蛮烟雨里红千树,逐水排痰肘後方。莫笑忍饥穷县令,烦君一斛寄槟榔",更是生动地写出了他对槟榔的喜爱。李时珍在《本草纲目》写到了槟榔的药用价值。近代,梁启超在《台湾竹枝词》中写出了槟榔味道的甘美。如今,婚聘活动中以槟榔为礼的习俗在东南亚部分地区仍盛行不衰。可见,槟榔从古至今都在人民生活中占有一席之地。

当前,椰子、槟榔已成为集生态、经济、社会效益、观赏价值、药用价值与保健功能于一体的多用途植物。2 000多年的繁衍传承,椰子、槟榔已根植于海南人民的血脉中,成为海南文化的一个重要标识。

本书的编著,力求文化性和科学性的统一,精神层面与物质层面的统一,将古今中外椰子和槟榔在文化、民俗等领域的相关研究和文献资料整合编撰,为高等院校、科研机构等业界同仁,以及椰子、槟榔文化爱好者提供借鉴参考。各位撰写者虽力求精益求精,但因水平有限,书中难免有疏漏和不足,恳请读者不吝指教,多提宝贵意见。

编 者

2024年10月

目　录

第一章
椰子概述　　1

第一节　椰子树 ……………………… 3
第二节　椰子分布 …………………… 10
第三节　椰子种植模式 ……………… 16

第二章
椰子的起源与传播　　23

第一节　椰子的起源 ………………… 23
第二节　椰子的传播 ………………… 29
第三节　椰子名称的由来 …………… 33

第三章
椰子资源多样性　　37

第一节　高种椰子 …………………… 39
第二节　矮种椰子 …………………… 43
第三节　中间类型椰子 ……………… 48
第四节　杂交种椰子 ………………… 50
第五节　特殊性状椰子 ………………52

第四章
椰子的利用价值　　　　　55

第一节　椰子花的利用价值 …………… 56
第二节　椰衣的利用价值 ……………… 60
第三节　椰子水的利用价值 …………… 63
第四节　椰子肉的利用价值 …………… 68
第五节　椰子壳的利用价值……………… 76
第六节　椰子吸器的利用价值…………… 81
第七节　椰子其他部位的利用价值 …… 83

第五章
椰子文化　　　　　89

第一节　椰子美食 ……………………… 90
第二节　椰子传说 ……………………… 101
第三节　椰树精神 ……………………… 104
第四节　椰子文物 ……………………… 106
第五节　椰子建筑 ……………………… 110
第六节　椰林景观 ……………………… 114
第七节　椰子邮票 ……………………… 117
第八节　椰子诗词 ……………………… 120
椰子文化参考文献 ………………………… 134

第六章
槟榔概述　　　　　145

第七章
槟榔的起源、分布与传播　　147

第一节　槟榔的起源 …………… 147
第二节　槟榔的分布 …………… 147
第三节　槟榔的传播 …………… 148

第八章
槟榔资源多样性与槟榔产业　　151

第一节　种质资源多样性 …………… 151
第二节　产业发展现状 …………… 155

第九章
槟榔主要功效及用途　　161

第一节　药用价值 …………… 161
第二节　食用价值 …………… 166
第三节　其他用途 …………… 170

第十章
槟榔文化　　175

第一节　槟榔文化 …………… 175
第二节　槟榔诗词 …………… 179
第三节　槟榔绘画 …………… 186
第四节　槟榔邮票 …………… 188
第五节　槟榔工艺品及文物 …………… 189
槟榔文化参考文献 …………… 193

第一章
椰子概述

椰子（*Cocos nucifera* L.）是棕榈科椰子属乔木，属单子叶植物（染色体2n=32）。原产于印度尼西亚至太平洋群岛区域，现主要分布于亚洲、非洲、拉丁美洲等地，赤道地区最多。椰子是热区人民、生活的主要经济棕榈作物。

椰子属只有一个种，即椰子种（Ohler, 1999）。椰子在中国的别名有胥果、椰瓢、越王头。椰子栽培历史悠久，深入人心，世界各地的人们为它取名各不相同，甚至根据其功能及生长特性等把它誉为"宝树""热带果王""丰收树""天堂树""生命树""东方领事""懒人作物"等（DebMandal and Mandal, 2011; Famurewa et al., 2017; Konan et al., 2017）。

椰子在太平洋和印度洋的3 000多个岛屿上占据了经济作物的主导地位。19世纪中期，随着工业革命的深入，欧洲、北美洲等工业发达国家经济迅猛发展，椰子需求不断扩大（Ohler, 1984）。1961年，联合国粮食及农业组织（FAO）统计数据显示，椰子油产量在世界植物油中排名第四（占植物油总产量的9%）。第二次世界大战结束后椰子的发展逐步开始衰落。

棕榈生物学的首席科学家Tomlinson（2006）指出"棕榈作物之所以是热带地区寿命最长的树木，是由于棕榈作物的几种干细胞在整个生命周期中一直保持活性,持续活跃的根和茎顶端分生组织使得树干持续生长,从而长成高大长寿的树木"。椰子的经济寿命长达40~60年,自然寿命可达70~100年,因此,椰子也被称为"懒人作物"。农户在房前屋后种植的椰子树(图1-1),可持续几十年产生收益。

图1-1 房前屋后种植的椰子树

椰子树浑身是宝,具有极高的经济价值。它可加工成各式各样的椰子产品,如椰子水、椰子油、椰子汁、椰子糖、椰子粉、椰雕工艺品、椰棕垫、椰子建筑物等(Foale, 2003;Marina et al., 2009)。更有研究表明,椰子及原生态椰子油是潜在的抗癌食品,具有高营养价值和药用价值(Nguyen et al., 2015),尤其在治疗肺癌等肿瘤以及化疗引起的肾脏损伤等方面有一定的疗效(Koschek et al., 2007)。

2013年,海南省政府将椰子树确定为省树(王永吉,2013)。而海南省文昌市是海南省椰子主产区,椰子树种植面积和产量约占海南省的45%,其中东郊镇椰林如海,"海南椰子冠全国,文昌椰子半海南"是其真实的概括,因此文昌被称为"椰子之乡"。椰子食品、椰子工艺、椰子人文以及椰子应用研究等无不渗透于海南人民日常生活的方方面面,且有着悠久的历史,已经形成了海南极具代表性的文化特色。

第一节 椰子树

椰子树高大挺拔,乔木状,高15~30米,茎粗壮,有环状叶痕,基部增粗,常有簇生小根。叶羽状全裂,叶片长4~6米,裂片多数,外向折叠,革质,线状披针形,裂片长60~90厘米,宽3~4厘米,顶端渐尖;叶柄粗壮,长达1米以上(图1-2)。在椰子树幼年时期,只有一段很短的茎,椰子树的叶片只在顶部生长,看上去好像全身都长叶子。随着椰子树渐渐长大,茎干不断地延伸向上,变得越来越长。新生叶片不断长出,茎顶部的椰子树叶越来越高。老叶片可整片脱落,脱落后会在树干上留下环状叶痕,因此每一株成年椰子树干的表面都会有一道道横纹,这些环状叶痕正好为人们采摘椰子创造了可攀爬的脚踏之处。

图1-2 椰子叶片和椰子果

在大多数情况下,椰子树的产量可以用其生产的椰子果的数量来表示。但是,提高椰子产量具有一定的挑战性,因为每串椰果的数量和椰果的大小呈负相关。一个果串如果结果数量多,那么果实就会相对变小(图1-3)。在生产中如果达到一个种植户与消费者相对满意的平衡程度是较为理想的状态。

图1-3 椰子结果量与果实大小呈负相关

一、椰子果实

椰子果实通常由 51.7% 的内核、9.8% 的水分和 38.5% 的外壳组成（Patil et al., 2018）。成熟的椰子果实（约 12 月龄）约含有 35% 的果皮（果实的纤维外壳）、12% 的果壳（果实的内部硬壳）、28% 的椰肉（固体胚乳）和 25% 的椰子水（液体胚乳）（Grimwood，1975）。

在植物学上，椰子果实是核果，而不是坚果。像其他水果一样，它由外果皮、中果皮和内果皮组成。外果皮是光滑、有光泽，颜色通常为黄绿色至黄棕色，也有橙色、红棕色等颜色。中果皮由大量纤维组成，称为椰衣，椰衣具有许多商业用途。外果皮和中果皮一起构成了椰子的外壳，而成熟椰子的内果皮则形成了坚硬的椰子内壳（图 1-4）。通常内果皮厚约 4 毫米，末端有三个独特的发芽孔，其中两个孔是堵塞的，只有一个是功能性的，即椰子的发芽孔（图 1-5）。

图 1-4　椰子果的结构

图 1-5　椰子的发芽孔

内果皮内衬着一层薄薄的棕色种皮，大约 0.2 毫米厚。种皮内部形成球形腔体，俗称"椰腔"，椰腔最初充满液体胚乳（椰子水），随着果实发育，胚乳细胞层沿种皮壁沉积，逐渐变厚，最终形成可食用的固体胚乳（椰子肉）。椰子水是鲜食椰子的主要食用部位，是没有细胞结构的液体组织。固体胚乳（椰肉）作

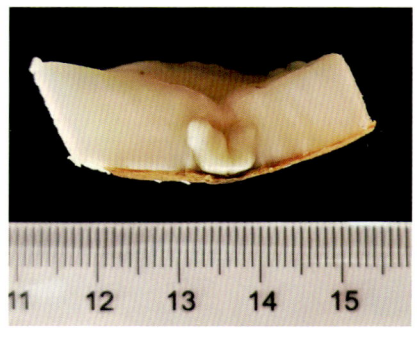

图 1-6 含有 2 个胚的椰子

注：一般椰子中仅有 1 个胚，本图中为特殊的一个椰子中有两个胚

为唯一与椰子水直接相连的细胞组织结构，其品质的变化也会对椰子水产生影响（Shen et al., 2023）。成熟的椰果可以观察到圆柱形的胚嵌入内果皮功能孔正下方的固体胚乳中，一般一个成熟椰果只有一个胚，但也有特殊情况，有 2~3 个胚（图 1-6）。如果生长发育条件良好，这类具有 2~3 个胚的椰子最终会发育成多胚椰子。椰子的成熟度取决于基因型和培养环境，一般认为开花后 10 个月以上的椰子为成熟椰子。

椰子果就是椰子树的种子，是世界上较大的种子之一。目前椰子苗只能依靠椰子种果发芽繁育。当椰子果发芽时，胚胎向上从功能孔中钻出，下部则在种皮内膨大，在中央腔内形成一个海绵状的器官，由于其是吸收椰子水和椰肉的营养而逐渐膨大的，人们形象地称它为吸器（图 1-7）。吸器依靠吸收椰腔中液体胚

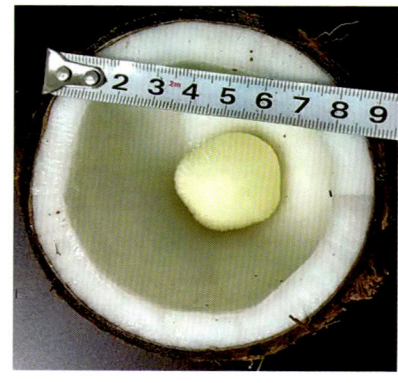 

图 1-7 椰子吸器

乳（椰子水）和固体胚乳（椰肉）中的糖、脂肪酸等营养成分而逐渐膨大至充满整个椰腔，其营养成分可供胚的萌发以及幼苗生长（Li et al., 2019）。

二、椰子花序

椰子花属肉穗花序，长 75~200 厘米。花序随其相应的叶片同时发育，在叶原基开始分化后约 4 个月，花序原基开始显现，再经过 22 个月左右，当花序长出几厘米时，开始分化出雌花与雄花，属于雌雄同序的单性花。椰子花序一开始是包在佛焰花苞中的，花苞从叶腋露出到开裂前称佛焰苞（图1-8）。一般幼嫩的花序秆呈浅粉色（图1-9）。约一年后，佛焰花苞开裂，即肉穗花序发育完全后，苞片由下侧纵向裂开，吐出花序。花序由主轴与侧枝组成，侧枝达 40 条左右，每条花枝的基部一般着生不超过 5 朵的雌花，中上部着生雄花，约千朵，花期 15~23 天。雄蕊成熟时花药纵裂，吐出花粉粒。雌花较大，呈球状，子房上位（图1-10）。

图1-8 佛焰苞

图1-9 尚未开放的佛焰苞中的椰子花序

图 1-10　盛开的椰子花序

三、椰子根

椰子树根属于须根系,从树干基部球状茎放射状生长出的根称"不定根",一般直径不超过 1 厘米,没有形成层,粗细大致相同,长度通常为 5~10 米,最长可达 25 米。健壮的 50 龄椰树不定根有 4 000~7 000 条,多者可达 1 万条,寿命长达 30 年以上。大多数生长在 1~1.5 米深的土层内,近水平分布。从不定根生长出侧根、分根、再分根,总称"营养根",多分布在树干基部半径 3 米、深 20~50 厘米的土层中,组成庞大的根群(图 1-11)。

椰子的不定根及少数侧根可长出白色圆锥形的小突起,称"呼吸根"。根尖由根冠保护着,为活跃生长区,根尖后面一般为吸收区。没有根毛,表皮由一层薄壁细胞组成,随着根龄增加逐渐变厚,表皮脱落,外皮层硬化,形成不渗透的细胞层。树干基

图1-11 椰子根

部40厘米左右不断产生不定根,根系范围可达6~8米,60~70龄的椰子树,大约有3 600条根。

四、椰子茎

椰子树干细长,具有环痕,高种椰子树高度可以达20米以上。椰子树干受台风等外力影响倒伏后,其也可以在树干接近树顶的其他部位再次直立生长,这是其他树木没有的特性。

在有循环的地下水和雨量充沛的地方,椰子树生长最为繁茂(图1-12)。椰子周年均可产果,但收获高峰期为每年6~10月,经济寿命长达40~60年,自然寿命70~100年。椰子定植后3~10年开始开花结果,其中矮种椰子定植后3~5年开花结果,而高种椰子通常需要5~10年开花结果。椰子需5~12年达到盛产期。在盛产期内,不同椰子品种单株年产果量可达50~200个。果实从发育至成熟约需一年时间。

图 1-12　生长茂盛的椰子林

第二节　椰子分布

椰子是热带地区主要的木本油料和食品能源作物,在世界热带地区人民的经济和生活中扮演着重要的角色。椰子喜欢低海拔、高温、多雨、阳光充足、土壤肥沃的环境。适合椰子种植的环境条件主要是年平均气温在 26~27℃,年降水量 1 300~2 300 毫米、年光照在 2 000 小时以上、海拔低于 50 米的地区;最适宜土壤是海洋冲积土和河岸冲积土,其次是砂壤土,再次是砾土,黏土生长最差。

一、世界椰子分布

椰子在南北纬20°之间的热带和亚热带地区分布，目前世界椰子种植范围已遍及亚洲、非洲、大洋洲和南美洲的热带国家和地区。根据联合国粮食及农业组织（FAO）和亚太椰子共同体（APCC）的统计，全球已有100多个国家和地区种植椰子（图1-13），排名前10的椰子生产大国有印度尼西亚、菲律宾、印度、斯里兰卡、巴西、越南、泰国、马来西亚、巴布亚新几内亚和斐济等。2022年世界椰子总产量为6 240.94万吨，其中世界上三大椰子生产国中，印度尼西亚、菲律宾和印度椰子种植面积占世界种植总面积的81.54%左右，这3个国家的椰干产量约占全球总产量的72%。印度尼西亚和菲律宾也是世界主要的椰子油出口国，斯里兰卡、泰国、越南、马来西亚和巴布亚新几内亚等国紧随其后，主要集中在亚洲和太平洋地区（表1-1、表1-2）。

图1-13 世界椰子种植分布情况

表 1-1　2011—2020 年全球椰子主要种植国家及我国椰子收获面积

单位：万公顷

年份	菲律宾	印度尼西亚	印度	坦桑尼亚	斯里兰卡	巴布亚新几内亚	巴西	越南	泰国	墨西哥	中国
2011	356.20	298.00	207.08	67.00	39.48	22.10	27.05	12.70	21.60	17.90	3.20
2012	357.46	300.00	213.70	68.00	41.70	22.10	25.77	13.20	21.32	17.60	3.19
2013	355.13	302.00	214.00	68.00	39.48	22.10	25.75	13.62	20.86	17.60	3.25
2014	350.20	302.50	197.58	56.91	44.00	21.49	25.06	13.92	20.71	12.46	3.22
2015	351.77	303.00	208.85	59.04	46.46	20.86	24.23	14.56	19.15	12.42	3.43
2016	356.51	290.00	208.20	61.72	44.05	20.33	23.39	14.68	19.00	12.43	3.32
2017	361.23	285.00	208.10	62.75	45.26	19.84	20.94	14.81	12.10	12.48	3.72
2018	362.81	280.00	209.70	64.20	45.53	19.66	19.87	15.47	12.12	12.42	3.91
2019	365.19	279.00	215.10	63.81	50.35	19.66	18.73	15.90	12.38	12.44	3.87
2020	365.13	277.00	215.30	60.10	50.52	19.54	18.75	16.35	12.45	12.41	3.95

表 1-2 2011—2020 年全球椰子主产国及我国椰子产量

单位：万吨

年份	印度尼西亚	印度	菲律宾	巴西	斯里兰卡	越南	巴布亚新几内亚	墨西哥	泰国	马来西亚	中国
2011	1 750.00	1 028.00	1 524.46	294.37	205.73	120.16	121.00	110.80	105.53	56.26	26.89
2012	1 940.00	1 056.00	1 586.38	293.15	222.45	127.30	120.95	111.78	105.67	62.42	27.11
2013	1 830.00	1 193.00	1 535.43	289.03	201.04	130.38	120.75	117.10	101.00	62.47	28.04
2014	1 830.00	1 107.89	1 469.63	291.91	229.60	137.44	118.64	89.52	100.03	59.51	41.08
2015	1 750.00	1 120.96	1 473.52	267.92	244.48	143.91	118.64	89.28	90.41	50.56	39.98
2016	1 740.00	1 134.43	1 382.51	263.44	240.88	147.00	118.64	92.56	90.41	50.48	39.09
2017	1 720.00	1 116.68	1 404.91	221.01	196.00	149.92	118.64	92.72	76.19	51.76	34.73
2018	1 710.00	1 641.30	1 472.62	234.54	209.84	157.17	118.64	92.64	85.82	49.55	42.26
2019	1 707.45	1 468.20	1 476.51	234.87	246.88	167.70	120.55	90.83	86.64	53.66	41.49
2020	1 682.48	1 469.50	1 449.09	245.88	223.36	171.94	121.73	89.53	82.74	56.10	41.83

二、中国椰子分布

中国椰子种植已有 2 000 多年的历史,主要分布在海南省,广东的雷州半岛和云南的西双版纳、德宏、保山、河口以及广西的防城港市、北海市等地有少量分布(陈豪军等,2011)。虽然云南的西双版纳和河口地区、广东南部和东南部、广西西部等地区都有栽培,稍北一点的地区也有零星分布,但往往不结果实或者果实不饱满,主要为景观树,未形成产业(图1-14和图1-15)。海南椰子的主要产区主要分布在东南沿海的文昌、海口、琼海、万宁、陵水、三亚6个市县(张慧坚,2002),其中文昌市种植面积最大(图1-16)。文昌市地理坐标为:东经110°28′~111°03′、北纬19°21′~20°10′。2022年,文昌市

图 1-14　云南元江椰子园

图 1-15 云南河口椰子园

图 1-16 海南文昌椰子园

17个镇（文城镇、重兴镇、蓬莱镇、会文镇、东路镇、潭牛镇、东阁镇、文教镇、东郊镇、龙楼镇、昌洒镇、翁田镇、抱罗镇、冯坡镇、锦山镇、铺前镇、公坡镇）共种植椰子22.51万亩，年产椰子5 918万个。因此，文昌素有"海南椰子半文昌"之称。

文昌市种植和加工椰子的历史悠久，文化底蕴深厚，产业基础扎实、产业链条完整。椰子产业在文昌市社会经济发展、生态保护、旅游观光以及农民增收中起着不可替代的作用。目前，全市椰子加工企业437家，从业人数约1.5万人，年产值近40亿元。文昌市椰子系列加工产品近200多种，主要有椰子汁、椰壳活性炭、椰子粉、椰果、椰子油、椰浆、椰子糖、椰子水饮料、椰奶、椰雕等产品，销往国内外。2017年"文昌椰子"获"国家农产品地理标志产品"登记及十佳区域公用品牌称号。随着文昌市大力推进"文昌椰子"品牌建设，目前，"文昌椰子"已入选中国农业品牌名录、海南省第一批重点商标保护名录。

第三节 椰子种植模式

椰树是海南的标志性树种，绵延的椰林、温暖的阳光、细软的沙滩、蔚蓝的大海构成了海南"椰风海韵"的热带风光，吸引着众多的国内外游客（图1-17）。种植椰子不但可以获得较好的经济效益，而且具有很好的生态效益。椰树具有丰富的生物多样性，并在保护生物多样性方面发挥着重要作用。比如，椰树具有良好的防风固沙和保持水土的作用，能涵养水源、净化空气、美化环境、调节气候。

图1-17 椰风海韵

椰子树形高大,种植株、行距通常在6~9米,若采用宽行种植,行距可达12米。据调查研究,在25~40龄的椰园内,其透光度仍有50%左右。因此,在单一种植椰子的椰园内,50%以上的土地面积未能得到有效利用,椰园空间利用率低。

一、椰子林下间作

椰园林下长期空旷,容易滋生杂草,增加了椰园的生产管理难度及费用,影响椰树生长,存在生产成本高而生产效益低等问题。此外,椰树的非生产期较长,通常在种植后7~8年才能开花结果。在这段时间内,椰农不仅面临没有收入的困境,还需承担管理成本,这对他们的经济收入和投资积极性造成了严重影响,进而制约了整个椰子产业的发展。因此,在椰林间种植或套种其他作物,不仅能够增加椰农的收入,还能改善土壤质量,充分利用土地资源,提高土地利用效率,促进传统农业向生态农业的转型。

刘许霖（2022）研究表明，间作柱花草作绿肥可显著提高椰园土壤肥力且能改善土壤酸度，其中绿肥压青利用方式的效果要优于绿肥覆盖利用方式。刘莹莹等（2023）研究了间作菠萝模式下不同品种椰子根际土壤微生物多样性及群落结构特征，研究结果表明，间作很大程度上能够提高椰子根际土壤养分和改善微生物群落结构及多样性。现阶段椰园间作作物比较成功的有玉米（图1-18）、辣椒（图1-19）、菠萝（图1-20）、香蕉（图1-21）、可可树（图1-22）、牧草（图1-23）、斑兰（图1-24）。种植户可以根据不同树龄的椰园以及需要改善的土壤状态选择不同的作物。

图1-18　幼龄椰园间种玉米

图 1-19　幼龄椰园间种辣椒

图 1-20　幼龄椰园间种菠萝

图 1-21　成龄椰园间种香蕉

图 1-22　成龄椰园间种可可树

图 1-23　成龄椰园间种牧草

图 1-24　成龄椰园间种斑兰

二、椰子林下复合养殖

椰园养鸡、羊等畜禽也是一种有效的种养结合模式。陈思婷等（2008）对椰园养鸡模式进行了初步研究，探讨了在椰园中养鸡对生态环境和经济效益的影响。研究发现，椰园养鸡显著促进了椰子叶片的生长。在为期 3 年的实验中，随着时间的推移，养鸡的椰园与正常管理的椰园相比，椰树年均新抽叶片数呈稳步增加的趋势，而未进行管理的椰园则出现了逐渐减少的现象（图 1-25）。

图 1-25　椰园养鸡

第二章 椰子的起源与传播

马来群岛被认为是椰子树的原产地,这是一个包括东南亚、澳大利亚、巴布亚新几内亚和几个太平洋岛屿群的生物地理区域。椰子的历史悠久,考古发掘和古代碑文中都有相关记录。此外,椰子在宗教、农业及阿育吠陀的重要梵文经典中也有所提及,许多来自中国、阿拉伯和意大利的旅行者的游记中同样记录了这一植物的存在。

第一节 椰子的起源

椰子树是大自然的奇迹之一,各地的民间故事讲述着关于椰子的各种传奇。然而,椰子的起源地至今依然是一个备受争议的话题。

一、神话故事

Vishnu Purāna（公元前 1200~公元前 600 年）给出了以下关于椰子起源的故事（参见 Thapar，2002 年）。书中描述：有一次，圣人 Viswāmitra 想离开家人到一个遥远的地方进行长期修行。但当他离开家后，该地区暴发了严重的饥荒。国王萨蒂亚夫拉塔（Satyavrata）了解到 Viswāmitra 家族的艰难处境，承担了照顾这个家庭的责任。当圣人结束修行回到家里，了解到国王对他家人的照顾和保护，感到非常高兴。他表示可以帮国王实现愿望。国王请求圣人将他连同他的肉体一起送上天堂（通常，只有凡人的灵魂才能进入天堂）。然而，当国王与肉身一同升天时，天堂的守护者因陀罗感到不妥并将国王推回凡间。Viswāmitra 看到这一幕，感觉受到了侮辱，于是决定不让国王掉到地面上。Viswāmitra 利用自己的超能力，竖起了一根杆子，让国王在上面休息。这个世界被称为特里桑库，一个"既不在这里也不在那里"的新天堂。渐渐地，这根载有国王的杆子演变成了我们今天所拥有的椰子树（Gupta, 1996）。当然，这只是神话故事中椰子的起源。真正椰子的起源要根据考古学家等专家学者的论证才能明晰。

二、文物考证

关于椰子的起源现阶段主要有两种观点：一种是起源于印度—太平洋，另一种是起源于南美洲。此外专家学者还画出椰子驯化前可能的原生范围（图 2-1 中的橙色部分）。印度—大西洋和太平洋椰子亚种群的地理分布也为椰子的起源传播提供了证据（图 2-2）。目前绝大多数类似椰子的化石都是从新西兰和印度中西部两个地区发现的（Nayar, 2017）。然而，椰子化石与大多数棕榈化石一样，由于很难识别，仍存在不确定性。

图 2-1 椰子驯化前可能的原生范围（橙色部分）

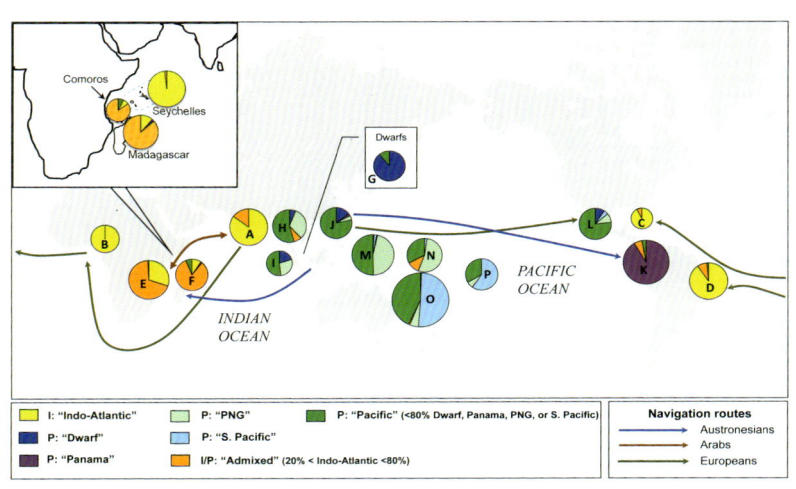

图 2-2 印度—大西洋和太平洋椰子亚种群的地理分布

（一）印度起源说

古新世的化石数据认为椰子（或类似椰子的物种）出现在印度和太平洋盆地（Rigby，1995；Shukla 等，2012）。古吉拉特邦始新世早期沉积物中首次发现了一种类似棕榈科现存椰子的化石（Singh et al., 2016）。在印度中西部，从德干岩群中也发现了许多类似椰子果实、叶子和茎的化石，包括许多不同形态分类群，如茎干分类群 Palmoxylon sundaran、Palmoxylon insignae 和 Palmocarpon cocoides，以及类似椰子果的 3 个分类群 Cocos intertrappeansis、Cocos pantii 和 Cocos sahnii，其中就包括已初步确定为现代椰子的椰子果化石（图 2-3）。这些化石最早可以追溯到第三纪早期（7 000 万~6 200 万年前）。

图 2-3　椰子果化石

注：文件来源于 Miocene coconut.jpg（2020 年 10 月 31 日）。维基共享资源，免费媒体存储库

（二）新西兰起源说

1926 年，考古学家在新西兰的中新世（23 万~530 万年前）地质层发现椰子类化石 "Cocos" zeylanica，这是一种小椰子的化石，大小为 3.5 厘米 ×（1.3~2.5）厘米。而从那时起，新西兰各地从不同的地质层（包括始新世、渐新世，甚至全新世）陆续发现了很多类似椰子果的化石。目前的研究仍在进行，以确定其中的哪些确实属于椰子属。因此 Conran 等（2015）认为，新西兰椰子化石的多样性表明，这些类似椰子物种是地方性进化的

结果，而不是通过长距离传播被引入新西兰岛的。

（三）南美洲起源说

有学者（Endt 和 Hayward，1997 年）指出，新西兰所谓的椰子化石与南美脊果椰属（Parajubaea）的成员相似，但不是椰子，并提出了一个南美起源的假设。系统发育证据也认为，现代椰子的近亲是 Syagrus 或 Attalea，这两者都在南美洲发现。但是椰子的遗传研究也证实南美洲巴拿马在前哥伦布时期椰子种群不是原生的，2008 年的一项研究表明，南美洲的椰子在基因上与菲律宾的椰子最亲近，与附近的任何其他椰子种群（包括波利尼西亚）均无关。这表明巴拿马的椰子不是由洋流自然引入的。又有研究显示，它是由早期的南岛水手从距今 2 250 年前带到美洲的，这也是南岛文化和南美文化在前哥伦布时期就有接触的证据。

（四）其他考古发现

除新西兰和印度以外，其他地方也发现了椰子类似化石。澳大利亚发现了一种介于上新世和更新世间的类似椰子果化石，大小约 10 厘米 ×9.5 厘米。Rigby（1995）根据其大小将它们归类为现代的 Cocos nucifera 种群。哥伦比亚从中晚期古新世地质层中发现了一个类似椰子果实的化石。由于该果实在石化过程中被压扁了，无法确定它是否具有标志性的 3 个孔。Gomez-Navarro 等（2009）根据果实的大小和脊形将其鉴定为椰子属。

三、生物学考证

椰子在亚洲，尤其是东南亚地区，展现出最高的遗传多样性，这表明至少现代的椰子（*Cocos nucifera* L.）是源于东南亚。植物学家根据最近的植物亲属的发现，将椰子的起源定位在巴布亚新几内亚地区的远古时代（Child，1974）。

Harries（1989）提出的理论认为，椰子起源于马来西亚，并指出这一地区属于一个生物地理区域。这个区域涵盖了东南亚、印度尼西亚、澳大利亚、新几内亚以及若干太平洋岛屿。印度次大陆和南亚被视为核心区域，它们是8个中心中重要的作物多样性区域，被确定为椰子的次要起源中心（Randhawa, 1980）。

现代遗传学研究也表明椰子的起源中心是印度太平洋中部，即东南亚西部和美拉尼西亚之间的地区，因为椰子在这一地区表现出最大的遗传多样性。

Baudouin等（2014）利用30个SSR标记对全球11个国家和地区的椰子进行基因型分析，发现采样的1 215个椰子中，有104个巴拿马高种。选择没有被遗传污染的54个椰子和80个高种椰子，通过微卫星位点，发现菲律宾与巴拿马椰子相似系数最高，与波利尼西亚相似系数最小，在比较分析波利尼西亚和菲律宾的30个位点时，研究发现，与巴拿马高种相比，菲律宾椰子有三分之一的位点有较高的基因频率，而在波利尼西亚却表现为缺失或罕见。对于其他地区，墨西哥的相似系数接近菲律宾，这表明它们之间存在遗传相似性。结合历史因素分析，墨西哥椰子和巴拿马椰子之间的遗传关系源于它们的共同祖先菲律宾椰子。

Loiola等（2016）采用25个SSR引物，对巴西的两个高种椰子种群与7个世界其他地区收集的椰子种群的多样性及亲缘关系进行分析。其中19个引物存在多态性，每个位点有4~10个等位基因，平均值为6.57。伦内尔岛高种（RIT）椰子间的预期观测杂合度在0.25~0.40，而波利尼西亚高种（PYT）之间是0.54~0.62。根据遗传结构分析这些椰子可分为5组，第一组是巴西高种包括普拉亚多海高种、Merepe高种（BRTMe）和西非高种（WAT）；第二组包括马来西亚高种（MLT）；第三组是RIT；第四组是瓦努阿图高种（VTT）和第五组罗图马岛高种（RTMT）、Tonga Tall（TONT和PYT）。基于最邻近的方法检测的聚类图形成2个主要的种群和5个亚群，表明这些群体的遗传关系起源于它们的原产地。通过分析巴西、非洲、东南亚和南太平洋的椰子之间的遗传关系，证实它们有共同的起源。

第二节 椰子的传播

一、世界椰子的传播

（一）洋流推动

椰子可以在海上漂浮很长时间，然后在停留的岸上发芽，因此随着洋流漂移是椰子传播的一个途径。1929—1930年，在喀拉的喀托火山活动形成的无人岛上发现了椰子的存在，证明了这一观点（Child，1974）。Harries等（2014）认为椰子是通过珊瑚环礁生态系统内的迁移而远距离传播的。但是更多的学者认为椰子的传播与人类的活动密不可分。

（二）人为活动影响

1. 南岛语族传播

普遍认为，椰子的传播历史与南岛语族的迁徙相关。公元前1500年~1000年，南岛族群开始史前海上迁徙，称为南岛扩张。在此过程中，椰子木被南岛人用来制作独木舟，椰子果也被带到他们定居的岛屿。南岛地区当地椰子名称的相似性也被引用为椰子起源于该地区的证据（图2-4）。

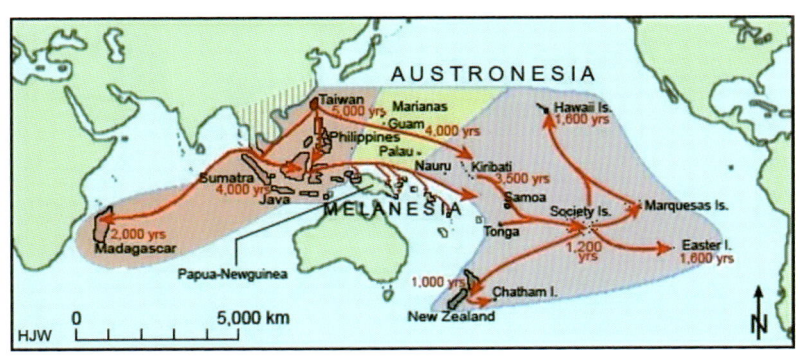

图2-4 南岛族群迁徙路线和时间

南岛族群迁徙路线一条跨越太平洋，另一条跨越印度洋抵达马达加斯加。此外南岛地区椰子名称的相似性也是其作为起源中心的证据之一。如，波利尼西亚和美拉尼西亚的术语 niu、他加禄语和查莫罗语术语 niyog，和马来语单词 nyiur 或 nyior 发音极为相似，均指椰子。还有一个证据，南岛地区是以椰子为食物的椰子蟹的原生地，据此倒推该地区在椰子蟹出现之前就已经存在椰子树了。

印度—大西洋和太平洋椰子亚种群的地理分布也为椰子的起源传播提供了证据。2011年的一项研究，揭示了两个高度遗传分化的椰子亚群，一个来自东南亚岛屿（太平洋组），另一个来自印度次大陆南部边缘（印度—大西洋组）。太平洋组是唯一一个明显显示出椰子驯化的遗传和表型特征的组别，这些特征包括椰子的矮化性状、自花授粉、胚乳占果壳比率较大的圆形果实形态。太平洋椰子的分布与南岛航海者定居的地区相符合，这表明此地区椰子的传播主要是人类活动的结果。

位于南半球非洲大陆的东南部，印度洋西南面的马达加斯加岛的椰子最为特别。该岛的椰子种群显示是太平洋组和印度—大西洋组两个亚种群之间的遗传产物。这说明该岛的椰子是由南岛定居者带来，然后与当地的印度—大西洋椰子杂交（Crowther, 2016）而成。

2. 贸易、文化活动影响

有人认为，椰子在大西洋的引进和传播历史与当时的欧洲列强对香料的追求有关。早在印度—罗马贸易之前，主要来自印度尼西亚的澳大利亚人乘船抵达马达加斯加，并开始在那里定居。此外，他们在该地区引进了包括椰子在内的许多热带植物，并传播了他们的文化（Blench, 2007; Leser, 1960; Verin, 1981）。这表明南亚、东南亚和西太平洋地区的人民从史前时期就熟悉椰子。至少在康蒙时代之前的 1 000~2 000 年，椰子已经成为南亚文化和生活传统的一个组成部分。

墨西哥的椰子是在殖民时代，即1565—1815年，由航行于菲律宾马尼拉与西班牙阿卡普尔科之间的船队从西班牙东印度群岛引进的，属于太平洋椰子。与太平洋椰子相比，印度—大西洋椰子则由阿拉伯和波斯的贸易商传播到东非海岸，也被葡萄牙船只从他们在印度沿海和斯里兰卡的殖民地引入大西洋。具体路径是首先被引入西非沿海，然后进入加勒比海和巴西东海岸。印度—大西洋椰子的传播发生在过去几个世纪之内，与太平洋椰子的传播相比相对较新。

在夏威夷群岛，椰子被认为是波利尼西亚人引进的，有一首民谣提到了"Niu ola hiki"（大溪地的赋予生命的椰子）和"Niu loa hiki"（远行的椰子）。

(三) 现代椰子起源研究

在过去10年中，国际椰子遗传资源网络（COGENT）和法国国际发展农业研究中心（CIRAD）组织协调了全球椰子种质资源收集工作，此外，世代挑战计划（GCP: http://gcpcr.grinfo.net/index.php）也为这一努力提供了进一步的支持，这些活动为椰子遗传特性研究提供了主要材料。由国际椰子遗传资源网（COGENT）和热带多年生作物研究发展局（BUROTROP）合作，利用VIS2UAL FOXPRO软件，开发了椰子种质资源数据库（CGRD），并联合各椰子生产国收集汇编相关数据入库。目前，已有90多个热带地区和国家种植椰子，累计收集椰子种质1 416份。

与多态微卫星标记试剂盒（Baudouin 和 Lebrun，2002）一起，GCP/CIRAD的椰子群体被广泛用于研究区域椰子群体的遗传多样性（Rajesh et al., 2008; Martinez et al., 2010），推断特定品种的起源（Baudouin et al., 2009），并评估种植材料类型的真实性（Baudouin et al., 2008）。然而，虽然GCP/CIRAD的收集范围是全球的，但仍有一些地理区域代表不足。

二、椰子在我国的传播

根据可考察文字记载，我国椰子的种植历史可追溯到 2 000 多年前。普遍认为洋流是促使椰子传入中国的重要途径之一，成熟的椰果掉落到海滩上或海水里，被暖湿的洋流载到我国南方沿海地区，遇到适宜的气候生根发芽，逐渐繁衍成林。还有一种说法，椰子的传播与人类的迁徙息息相关，几千年前，南岛渔人乘着简易木船，将可漂浮易携带的椰子挂满船尾，穿越太平洋和大西洋，最终将椰子带到我国。

（一）规模化传播种植

伴随着重要历史事件、贸易、文化交流等因素，椰子种植逐渐向内陆地区传播。西汉时期长安（今西安）曾有椰子引种试种记载，汉武帝破南越后，从南方引进了许多热带和亚热带植物，种植于上林苑中。文学家司马相如在《上林赋》中记载："留落胥余（一作"胥邪"），仁频并闾……"，其中的"胥余"即为椰子。三国时期云南也有大面积种植历史，正史《三国志》记载道：诸葛亮征战云南时称椰子为"异物"，并说"不令小邦有些异物，多食动气也"，而命令士兵大举砍伐。可见当时我国云南地区就已经有了椰子树的栽培。晋代左思所撰的《吴都赋》中提到建业（今南京）的果树："槟榔无柯，椰叶无阴。"以上记载均表明，我国陕西、云南、南京等亚热带地区曾有过椰子试种和大面积种植的历史。

在椰子几千年的种植历史过程中，受气候变化和人类活动等因素影响，我国中南部区域椰子种植逐步消失。后汉书《三辅黄图》中载"土本南北异宜，岁时多枯瘁"，表明汉武帝种植于上林苑的南越奇草异木最终没有广泛种植和繁衍。

（二）兴于海南

得天独厚的地理位置、适宜的自然环境，使得海南成为椰子树的最佳种植地。明代海南名人丘浚在《南溟奇甸赋》中称椰子

"一物而十用其宜"。清道光年间《琼州府志》记载"在全岛总税收中，椰椰税占比高达36.5%，居各项税收之首"。可见椰子在当地已经形成了相当的产业规模，并对经济产生了重要影响。

海南文昌地区多台风、土壤差，椰子防风固沙、保持水土的优良特性，使文昌地区的椰子逐渐发展起来，明正德年间《琼台志》记载："椰子，文昌多。每岁白露后落子，即航，货于广。"

第三节　椰子名称的由来

一、椰子的学名

椰子的学名 *Cocos nucifera* L. 是由林奈命名的，但在林奈之前就有人用 coco 这个词来称呼椰子了。15 世纪葡萄牙探险家见到椰子时，发现椰子果实去掉中果皮后，可见毛茸茸的硬种皮上端有 3 个凹痕呈三角形排列，看起来酷似一张脸，让他们想起葡萄牙民间传说中的幽灵或女巫，就称其为"coco"。"coco"是葡萄牙语为"鬼脸"的意思，也叫可可 (或古柯)。椰子名字中 Cocos nucifera 中 nucifera 本意是拉丁语的"坚果"的意思。早期的西班牙探险家称它为"椰子"或"猴脸"，他认为毛茸茸的坚果上的 3 个凹痕（眼睛）类似于猴子的头和脸。椰子一词的一种老式拼写形式为"cocoanut"（Pearsall，1999）。后改为现在的"coconut"。

通过研究各种典籍，发现《罗摩衍那》和《斯里兰卡编年史》中记载了椰子的名称，这一发现可以作为证据，证明公元前 1 世纪以前，椰子就存在于印度次大陆。

二、世界椰子的别称

最早对椰子树进行详细描述的是希腊商人 Cosmas Indicopleustes 于公元 545 年出版的 *Topographia Christiana*。他在书中将椰子树称为阿盖尔树（Argell Tree）。在西方国家，椰子最初的称呼是 Nux Indica，是 1280 年马可波罗路过苏门答腊时，从阿拉伯商人对椰子的称呼"جيندوز"翻译而来，意思是印度坚果。公元 1498 年左右，葡萄牙人通过海路将椰子从印度带到了欧洲，欧洲人用 nārgīl 或印地语 jowz-e 的变体来称呼它。

"Tenga"一词是印度南部喀拉拉邦通用语言马拉雅拉姆语中"椰子"的称呼，古意大利旅行者 Ludovico di Varthema 于 1510 年出版的 *Itinerario* 以及后来的 *Hortus Indicus Malabaricus* 两书中用"Tenga"一词形容椰子。椰子树在印度经典中被誉为"Kalpavriksha"（全能树）（DebMandal et al., 2011）被认为是一种可以满足所有欲望的神话树。印度人民认为椰子是可以"提供所有生活必需品的树"。

希腊商人 Cosmas Indicopleustes 于公元 545 年出版的 *Topographia Christiana* 对椰子树进行详细描述，他在书中将椰子树称为阿盖尔树（Argell Tree）。

公元 1498 年左右，葡萄牙人通过海路将椰子从印度带到了欧洲，欧洲人用 nārgīl 或印地语 jowz-e 的变体来称呼它。

对马来人来说它是"Pokok seribu guna"（千种用途的树），对菲律宾人来说是"生命之树"或"天堂之树"，对印度尼西亚人来说是"丰饶之树"或"三代树"。这些名称反映了它在热带地区人们日常生活中的用途和重要性。

早在 2 000 多年前，海南地区就从越南引入了椰子，并开始广泛种植。中国第一篇有关椰子的文献记录出自西汉文学家司马相如的《上林赋》，其中对汉武帝建造的上林苑进行了生动的描绘。这段描写精炼而全面地列举了苑中的栽培物种：沙棠栎槠、华枫枰栌、留落胥邪、仁频并闾、欃檀木兰、豫章女贞。其中的"胥邪"就是指椰子树。

在明代，李时珍编纂的《本草纲目·果部》中，椰子得到了"皆可糖煎为果。其壳可为酒器。"这样一句话，证明当时的椰子早就做糖和点心了。椰子生长时期及其不同时期的产物的名称也是多样的。例如，海南本地的高种嫩椰子果外皮是青色的，俗称"青椰"，当椰子逐渐成熟变老，椰子外果皮的颜色从青色变成褐色，椰衣会变得毛茸茸的，因此剥去外皮后的老椰子被称为"毛椰子"。青椰子的椰子水丰富，一般用于鲜食消费；毛椰子的椰肉厚实，常用于深加工，如制作椰子糖、椰子油和椰子汁。而椰子种子萌发过程中产生的吸器，也有多个名字例如"椰宝""椰苹果"。

第三章
椰子资源多样性

椰子栽培历史悠久，分布地域广，在自然选择和人工培育驯化下，形成许多品种、变种，但经各国学者对椰子进化、演变和分类等领域的研究，一般认为椰子在植物学分类中只有一个种（*Cocos nucifera* L.）。自然进化的变种繁多，主要有高种椰子（异花授粉）、矮种椰子（自花授粉）、中间类型椰子（异花授粉和自花授粉兼有）和杂交种椰子（人工授粉）等。如马哇是马来西亚黄矮种和西非高种的杂交种，是为了提高椰子果产量而选育的（Chan, 1983）。马塔格是马来西亚红矮种和菲律宾的Tagnanan高种杂交的，后代具有产量高，成熟早，果实大的特点（Man et al., 2020）。

世界各国椰子研究工作者对椰子分类做了大量研究，椰子的分类已不断趋于正规及统一。Watt（1889）研究了南亚椰子的变异性，并鉴定了7个品种。Cook（1901）在马来亚发现了50种椰子变体。Burkill（1919）记录在马来西亚有30个椰子变种，仅在爪哇就有 25 个变种。Omar（1919）在新加坡岛发现了 12 种椰子，Copeland（1931）在菲律宾发现了 14 种椰子。2008 年将世界各地收集的椰子种质全部信息汇编为一份表格（COGENT，2010）。世界多个国家都曾经开展过椰子种质资源调查，并建立了椰子种质资源圃。根据国际椰子遗传资源网的统计，世界共有椰子种质基因库 / 种质圃 24 个（表 3-1），共计保存椰子种质 1 700 多份。世界椰子种质保存与研究工作得到了国际椰子遗传资源网（COGENT）、国际生物多样性组织（Bioversity）、亚洲发展银行等机构的支持。

表 3-1 世界椰子种质基因库 / 圃列表

序号	国家	依托机构	序号	国家	依托机构
1	孟加拉国	孟加拉国农业研究所	13	墨西哥	尤卡坦半岛科学研究中心
2	贝宁	椰子研究站	14	巴基斯坦	巴基斯坦农业研究委员会
3	巴西	巴西农业研究公司	15	菲律宾	菲律宾椰子署三宝颜研究中心
4	中国	中国热带农业科学院椰子研究所	16	巴布亚新几内亚	斯图尔特研究站
5	科特迪瓦	科特迪瓦国家研究中心	17	所罗门群岛	农业和土地部
6	斐济	塔韦乌尼椰子中心	18	斯里兰卡	椰子研究所
7	加纳	油棕研究所	19	坦桑尼亚	米科舍尼农业研究所
8	印度	大宗作物研究所	20	泰国	春蓬园艺研究中心
9	印度尼西亚	印度尼西亚棕榈研究所	21	汤加	农业和渔业部瓦伊尼试验站
10	牙买加	椰子产业委员会	22	瓦努阿图	萨拉图研究站
11	马来西亚	沙巴州农业部	23	越南	油料植物研究所
12	马来西亚	古邦可兰吉研究站	24	西萨摩亚	奥洛马努研究站

研究者在对椰子种质的产量、品质、抗病、抗逆等性状开展鉴定评价的基础上，开展了椰子选种育种研究，其中椰子树第一次人工授粉于1920年在印度完成，而不同生态型之间的杂交育种则是在斐济完成的。目前各国已经选育出了马哇、香水椰子、巴西绿矮、文椰78F1等一系列优良椰子新品种。

全世界椰子产量最高的地区是东南亚，占世界椰子产量的50%以上，主要集中在菲律宾和印度尼西亚，在这两个国家收集保存的椰子种质资源也较多。马来西亚、泰国、缅甸和越南等国也是收集椰子种质资源较多的国家。菲律宾不仅是世界上最大的椰子生产国之一，也是世界上椰子种质资源最丰富的国家，菲律宾椰子署目前收集了椰子种质材料244份。菲律宾主要种植品种为拉古纳、圣罗蒙、塔格纳南以及巴戈奥斯罗高种等30多个高种椰子类型。印度尼西亚共保存椰子种质材料156份。马来西亚目前收集和保存了椰子种质材料92份。

第一节　高种椰子

高种椰子是目前世界上最多的商品性椰子，植株粗壮、高大，可高达20 m以上，树干茎围90~120 cm；基部膨大，俗称"葫芦头"（图3-1），树冠有长约6 m的叶片30~40片；结果较晚，定植后7~8年开始开花结果，且每月都可以开花；经济寿命长达60~80年。雌雄同序，雄花先开，异花授粉；果实较大，椰肉较重，椰衣厚，纤维多，椰干质量优，含油率高，常被用于生产椰子油。

图 3-1　高种椰子基部有葫芦头（左）和无葫芦头（右）

一、中国高种椰子

我国常见的高种椰子俗称海南本地高种，按叶色和果色不同可分为红椰和绿椰两种。在大多数高种椰子品种中，随着果实发育成熟，果皮会从亮绿色逐渐变成干枯的棕色（图3-2）（Javel et al., 2018）。海南红椰果皮偏棕红色，成年果树结果量较大（图3-3）。

图 3-2　椰子果实从嫩到老果皮颜色的变化

图 3-3　海南高产红椰

红纤维椰子是海南特色栽培高种之一，最明显的特征是嫩果的中果皮呈现粉红色，果蒂端尤为明显（图 3-4），有"鸿运当头"的寓意，十分受鲜食消费市场的欢迎。此外，云南省也有高种椰子种植，如版纳褐高、版纳绿高和版纳红高。

 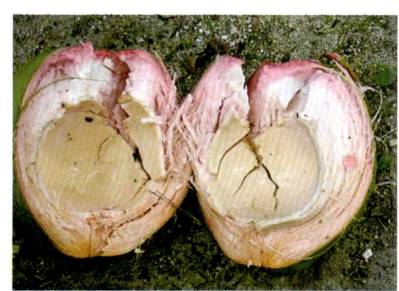

图 3-4　红纤维椰子

二、世界高种椰子

国外的高种椰子有越南的越南他椰和越南刀椰,菲律宾的普通高种以及菲律宾洛诺高种,还有泰国萨维高种、西非高种维达、喀麦隆克里比高种、巴戈奥斯罗高种、尼日利亚高种等,这些都是世界各国优质的高种种质资源(范海阔等,2019)。

椰子的核果形状也不尽相同,有圆形的,有纺锤形的,有的上尖下圆,像三角形(图3-5、图3-6)。有的果椰衣很厚、椰子核果较小。

图3-5 核果形状

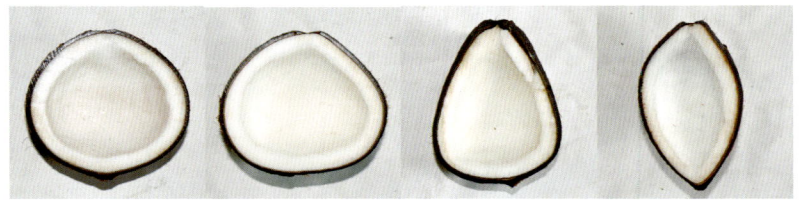

图3-6 核果剖面

高种椰子按果形和大小可分为大圆果、中圆果和小圆果3种(图3-7)。

大圆果主要特征是果实较大,果实围径70厘米以上,果实重2.5~4.0千克,椰肉重0.4~0.7千克,椰衣重1.2~1.5千克,椰子水重0.5~0.7千克,果实有圆形和椭圆形两种。但其产量低,在栽培的高种椰子中所占比例较小。

中圆果主要特征是椰子果大小中等，果实围径 60~70 厘米，果实重 1.5~2.0 千克，椰肉重 0.35~0.45 千克，椰子水重 0.25 千克，果实多为圆形或椭圆形，产量较高，在高种椰子中数量最多，栽培面积较大。

小圆果是海南高种椰子中高产、稳产和优异的种质，又称"摘蒂仔"。其特征是树干较细，树冠圆形，叶片密集，果实较小，果肩有压痕，果实围径 50~60 厘米，果实重 1.5 千克左右，椰肉重 0.25~0.3 千克，椰子水重 0.25 千克左右，椰肉中脂肪含量 65.1%（干基计）、蛋白质含量 7.7%（干基计），碳水化合物含量 12.4%（干基计）。果实多为圆形或椭圆形，抗风、抗寒能力强。

　　大圆果　　　　　　小圆果　　　　　　中圆果

图 3-7　高种椰子果形和大小

第二节　矮种椰子

矮种椰子植株较矮小，树干茎围 65~70 厘米，高 8~15 米，茎干基部不膨大，雌雄同序，雌雄花期相同，自花授粉，种质相对较纯,果实较小,早熟,植后3~4年就开花结果,经济寿命可达30~40年。椰干质量差,含油率低,不宜生产椰子油,但是椰肉较软,味甜,椰子水风味佳。有些类型带有特殊香味,如香水椰子,是加工椰青产品的好原料,可作水果。由于矮种椰子种质纯(自花授粉),因此一般作为杂交亲本的母本;果皮有多种颜色,有红色、黄色、青色、褐色等,植株清秀,可作为热带地区园林绿化树种增添风景。

一、中国矮种椰子

我国培育的矮种椰子品种有文椰2号、文椰3号、文椰4号、文椰5号和文椰6号。其中文椰2号果皮呈黄色、文椰3号果皮呈橙色、文椰4号果皮呈绿色,椰子水、椰肉等部位有股浓郁的芋头香味。文椰5号果皮呈棕红色、文椰6号果皮呈绿色(图3-8)。

文椰2号

文椰3号

文椰4号

文椰5号

文椰 6 号

图 3-8 我国培育的矮种椰子

二、世界矮种椰子

国外的矮种椰子种质资源有艾欧褐椰、艾欧绿椰、越南绿色甜水椰、尼亚斯岛黄矮、越南火红椰、越南条纹椰、巴固尔绿矮、泰国绿矮、香水绿椰等一批优质的种质资源（范海阔等，2019）。

三、矮种椰子的类型

矮种椰子按果实外皮颜色又可分为红矮、黄矮、绿矮和褐矮 4 种类型（Prade et al., 2012）。例如，有些品种的果皮颜色是红褐色，如艾欧褐椰（图 3-9）。另外，有些椰子的果皮有条纹状，如越南条纹椰（图 3-10）。

值得注意的是不同品种的矮种椰子其叶柄、花序杆和花萼、花被等的颜色与果皮颜色一致（图 3-11 至图 3-14）。

第三章 椰子资源多样性

图 3-9　艾欧褐椰

图 3-10　越南条纹椰

图 3-11　叶片颜色

图 3-12　叶柄颜色

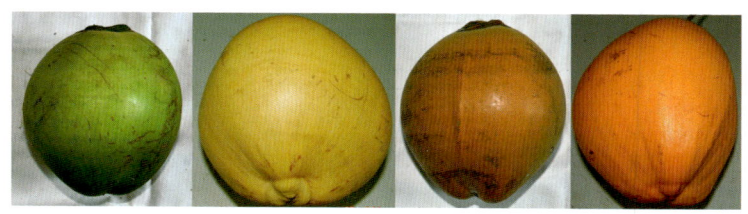

图 3-13　果皮颜色

图 3-14　花序颜色

椰子不仅果实大小，植株高矮有不同类型，果皮颜色也有很多不同类型，例如，有些品种的果皮颜色是红褐色，如艾欧褐椰，而有些椰子的果皮有条状纹，如越南条纹椰。

第三节　中间类型椰子

中间类型椰子主要特征介于高种和矮种椰子，外形和矮种椰子相似，树干粗细中等，茎干基部有葫芦头。雌、雄花期部分重叠，有自花授粉和异花授粉。果实大小中等，椰干含油率与矮种相似，椰子水甜，如王椰（King Coconut）、牙买加矮种等（图 3-15）。许多椰子生产国都有栽培。

图 3-15 中间类型椰子

第四节 杂交种椰子

20 世纪 50 年代前后,各椰子生产国,通过杂交培育出的适应本国气候,具有高产、早熟、多抗等优良性状的椰子新品种,兼具杂交亲本的优势,有的可提高椰干产量 5~6 倍。杂交种树干粗细中等,介于高种和矮种之间。生势旺盛,叶片细长柔软,生长速度快,植后 3~4 年开花结果,产量高(单株产量 100~120 个),椰干质量好。是优良椰子新品种,生产潜力大,可大面积推广。杂交种在一些抗逆方面较高种和矮种更具优势,例如 Maypan 是马来亚黄矮与巴拿马高杂交的新品种,具有高产且抗黄化病的特点(Harries,1971)。印度泰米尔纳德农业大学推出的椰子杂交种具有抗旱性(图 3-16),单株年产椰果 165 个(王萍,2007)。

图 3-16 印度杂交种椰子

目前我国有马哇和文椰78F1两个杂交种。马哇椰子于1962年在科特迪瓦培育,用马来亚矮种×西非高种椰子杂交培育。现已成为世界上使用最广泛的改良品种,目前已经在40多个国家种植。植株矮小,无葫芦头。种植4年即可结果,每公顷可产椰子果16 200个;第9年达到盛果期,年产量稳定在1 870~2 033个/亩。马哇椰子椰肉含油量约67.5%,是很好的加工用材料。该品种于20世纪70年代末引入海南,分别在文昌、万宁、三亚等地成规模种植(图3-17)。

图3-17 马哇椰子

文椰78F1杂交种是中国热带农业科学院椰子研究所,于1978年培育出来的椰子杂交良种,其母本是马来亚矮种椰子,父本是海南本地高种椰子。文椰78F1具有非生产期短、开花结果早、产量高、果形好、抗逆性强等优点,充分体现了杂交亲本的互补优势(图3-18)。

图 3-18　文椰 78F1

我国椰子品种选育工作起步较晚，始于 20 世纪 70 年代后期。在中国热带农业科学院椰子研究所科技人员的艰苦努力下，历经 30 多年，收集保存了世界各地椰子种质资源 200 余份，于 2014 年建成了占地 20 公顷的椰子种质资源圃，为我国椰子种质资源保护提供了研究平台。种质资源圃的建成为我国椰子选育种工作打下了坚实的基础。

第五节　特殊性状椰子

发生突变的椰子因其独特性而具有特殊的研究价值。例如，kopyor 椰子、macapuno（或 makapuno）椰子、腊椰子（印尼语："kelapa lilin"）和金丝雀椰子（印尼语："kelapa kenari"）。金丝雀椰子是一种可食用的突变椰子，原产于印度尼西亚马鲁古省，因其脆脆的胚乳如金丝雀坚果（*Canarium indicum* L.）而得名（Mashud et al., 2004）。Kopyor 椰子也是一种可食用的突变椰子，松散、柔软、易碎的胚乳是其特别之处（Santoso et al.,1996），Kopyor 椰子还有许多名称：Dua Sap（越南）、Dikiri Pol（斯里兰卡）、Kopyor（印度尼西亚）、mapphrao Kathi（泰国）、Dahi Nariyel（缅甸）、Thairu Thengai（印度）、Dong Kathy（柬埔寨）和 Niu Garuk（巴布亚新几内亚）（Novarianto et al., 2014; Nguyen et al., 2016）。在命名方面，kopyor 经常被错误地认为与菲律宾的 macapuno 椰子相似。Antu 等（2021 年）指出，kopyor 在菲律宾被称为 Macapuno。

马卡普诺（Makapuno）是在自然进化过程中形成的一种特殊类型椰子。Macapuno 椰子最初被发现于菲律宾（Nguyen et al., 2016），是另一种可食用的突变椰子，果冻状或凝胶状和厚的胚乳是其最大的特点（Lauzon, 2005）。现在在印度尼西亚、印度、越南和斯里兰卡等少数国家也有发现。在印度尼西亚，马卡普诺椰子的胚乳特征与蜡椰子相似，除了外观看起来像融化的蜡。这表明马卡普诺椰子实际上是蜡椰子，而不是 kopyor 椰子（Wicaksono et al., 2021）。Ismayanti（2013）也指出马卡普诺椰子类似于蜡椰子，其特点是其凝胶状的胚乳，而不是脆的胚乳。马卡普诺树形和果形与高种椰子相似，但椰子果"实心"，没有椰子水，胚乳呈凝胶状，几乎充满整个果腔（图 3-19）。但马卡普诺种果发芽率极低，不能直接用来催芽育苗，只能利用胚培养技术来进行繁殖。

图 3-19　马卡普诺椰子

第四章
椰子的利用价值

早在明代,海南籍大学士丘浚在《南溟奇甸赋》中称赞:"椰一物而十用其宜。"椰子全身是宝,椰肉、椰子水、椰衣、椰壳、椰子花、椰子叶、椰子木和椰子根等都可加以利用,具有很高的开发价值。随着椰子及其产品在预防和治疗帕金森病、心血管疾病、糖尿病和高血压等疾病方面研究报道的增多(DebMandal et al., 2011),世界范围内椰子产品的需求也逐年增长。与大多数热带水果类似,椰子的保质期较长,因为它的果实外果皮及内部的椰衣很厚,适合出口和加工。椰子的利用价值很广泛,据 Johnson(2010)统计,椰子在世界各个地区特别是在太平洋岛屿、南亚和东南亚,有 30 多种用途。包括制作房屋、篮子、垫子、吊床、板条箱、背包、临时避难所、吹管、弓、淀粉、葡萄酒、水果、糕点、饮料、椰子油、装饰品、药品、香水等。

Kitalong 等(2011)研究了密克罗尼西亚西部帕劳群岛当

地植物的用途，重点研究了它们在四季中的药用用途（2006—2010CE）。他们记录了170株植物的28类448种不同的用途。这包括80种，235种药用用途，其中被广泛应用的物种是椰子。它被用于医药、食品和建筑。

椰子的可食部分（椰子肉、椰子水）和非可食部分（椰衣、椰壳、树干、椰子花）均具有较高的开发价值。其中，占椰果质量33%~35%的椰衣（椰子的外果皮和中果皮）含大量纤维材质，坚韧且透气性良好，是优良的环保材料，可制作绳子、扫把、椰棕垫等产品。椰壳质地坚实，呈黑褐色，可制作椰壳活性炭。椰子壳还可以做成椰胡，这是一种罕见的乐器，也可以雕刻成各种各样、精美别致的工艺品。椰肉不仅可用于菜肴烹饪，而且又可加工成椰子汁、椰子油、椰子糖、椰子酱等300余种特色食品。用椰肉压榨而成的天然椰子油被称为生命之油（主要成分在体内可快速分解，不会在体内积聚，从而大大减少心血管疾病的概率），可食用、护肤、美发。把糯米放进整个老椰子中做成椰子饭也是一道海南人民喜爱的特色美食。椰子果腔内的天然椰子水可直接食用，因其富含维生素、矿物质、蛋白质，成为开发健康营养植物蛋白饮品的重要原料（Ignacio et al., 2021）。椰子树具有重要的生态效益，在防风减灾、保持水土和防止荒漠化等方面发挥着重要作用。椰子树干可以做成椰子木，用于建造房屋等。

第一节　椰子花的利用价值

椰子花序汁液（俗称椰花汁）是取自嫩的未绽开的椰子佛焰苞中的一种乳白色、半透明、口感香甜的汁液。椰花汁是纯天然绿色饮品。在东南亚各国，椰花汁的采集及加工的相关技术已非常普及，其产品有椰花汁果酒、蒸馏酒、椰花汁糖浆、椰棕糖、饮料和醋等。其中，椰花汁果酒是深受人们喜爱的富含维生素和氨基酸的低度酒或饮料。在国内，中国热带农业科学院椰子研究所已于2006年摸索出椰花汁的采集技术（李瑞等，2008），并开发出了椰花汁饮料、果醋、果酒、白酒等产品（图4-1）。

图4-1 椰子花苞（A）和椰花汁产品（B）

一、椰子花的成分与功能

新鲜椰花汁营养丰富，含有丰富的总固形物、碳水化合物、蛋白质、氨基酸及大量必需元素，如N、P、K、Mg、Cl、S和微量元素（B、Zn、Fe、Cu），其中，椰花汁含糖量为14.8%~16.4%，折光测定糖度为14~16 °Brix，水解氨基酸含量为0.27%，pH值为6.0~6.4（陈华等，2007）。花粉汁液还含有大量的生物活性成分，如含有一定聚合度的功能性多糖和多肽，含有16种氨基酸及各种维生素（表4-1），其中，天冬氨酸、苏氨酸、谷氨酸、维生素C和B族维生素含量较多。具有增强人体免疫力、抗癌以及减少人体内自由基的产生等功效，是一种具有热带特色的食品资源。新鲜和发酵椰花汁提取物都具有显著的抗氧化性,对超氧阴离子均有一定的清除能力,但对黄嘌呤氧化酶的抑制能力比较弱(辛波等,2008)。加入Cu^{2+}、Zn^{2+}对新鲜和发酵椰花汁清除超氧阴离子能力的提高作用较为显著,而Zn^{2+}能够显著地提高其对黄嘌呤氧化酶的抑制能力(辛波等,2009)。

表 4-1 新鲜椰花汁的主要营养成分

项目	含量	计量单位	检验方法依据
天冬氨酸	0.035	%	NY/DSA 223—2001
谷氨酸	0.099	%	NY/DSA 223—2001
丝氨酸	0.011	%	NY/DSA 223—2001
甘氨酸	0.009	%	NY/DSA 223—2001
组氨酸	0.004	%	NY/DSA 223—2001
精氨酸	0.024	%	NY/DSA 223—2001
苏氨酸	0.005	%	NY/DSA 223—2001
丙氨酸	0.010	%	NY/DSA 223—2001
脯氨酸	0.007	%	NY/DSA 223—2001
酪氨酸	0.025	%	NY/DSA 223—2001
缬氨酸	0.007	%	NY/DSA 223—2001
蛋氨酸	0.015	%	NY/DSA 223—2001
半胱氨酸	未检出		NY/DSA 223—2001
异亮氨酸	0.009	%	NY/DSA 223—2001
亮氨酸	0.005	%	NY/DSA 223—2001
苯丙氨酸	未检出		NY/DSA 223—2001
赖氨酸	0.002	%	NY/DSA 223—2001
水解氨基酸总和	0.27	%	NY/DSA 223—2001
可溶性固形物	14.0	%	GB/T 12143.1—1989
可溶性糖(葡萄糖计)	12.25	%	GB/T 6149—1986

（续表）

项目	含量	计量单位	检验方法依据
脂肪	0.006	%	GB/T 5009.6—2003
蛋白质	0.29	%	GB/T 5009.5—2003
水分	86.0	%	GB/T 5009.3—2003
维生素 E	未检出	mgL	GB/T 5009.82—2003
维生素 B_1	0.004	mg/100g	GB/T 5009.84—2003
维生素 B_2	0.006	mg/100g	GB/T 5009.85—2003
维生素 C	0.33	mg/100g	
总酚酸	0.33	mg/mL	
硒	5.11×10^{-3}	mg/kg	GB/T 5009.93—2003
钙	3.90	mg/kg	GB/T 5009.92—2003
铁	1.98	mg/kg	GB/T 5009.90—2003
镁	1.58	mg/kg	GB/T 5009.90—2003
锰	0.22	mg/kg	GB/T 5009.90—2003
铜	0.16	mg/kg	GB/T 5009.13—2003
锌	1.23	mg/kg	GB/T 5009.14—2003

注：表 4-1 摘自陈卫军等《椰子产业发展关键技术》。

二、椰子花的加工利用

椰花汁具有重要的开发利用价值，将椰花汁加工成果酒、果醋、白酒及饮料，可提高产品的科技含量，改变椰树种植靠收获椰子果的单一经营模式，开发新的椰林经济增长点，提高椰林的经济效益，增加椰农收入。

1. 椰花汁果醋

椰花汁果醋（coconut sap vinegar）是以新鲜椰花汁为原料，采用酒精发酵和醋酸发酵工艺，经陈酿酿制而成的香气浓郁、酸而不涩的食醋。李新菊等（2009）以没食子酸为对照，研究了椰花醋对 DPPH 自由基和羟基自由基的清除能力、Fe^{2+} 的络合能力以及 Fe^{3+} 的还原能力。结果表明，椰花醋具有显著的抗氧化性，对 DPPH 自由基清除作用和 Fe^{3+} 的还原能力均低于没食子酸；而对羟基自由基的清除作用和 Fe^{2+} 的络合能力则高于没食子酸。

2. 椰花汁果酒

椰花汁果酒（coco-sap wine）是以新鲜椰花汁为原料，采用全部或部分发酵酿制而成的、酒精度在体积分数 7%~18% 的各种低度饮料酒。产品按含糖量分为干型、半干型、半甜型和甜型果酒。椰花汁白酒（coco-sap distilled spirit）是以新鲜椰花汁为原料，经酵母发酵、贮存、勾兑而成的蒸馏酒，将这些酒在发酵贮藏室进行后熟陈化 3 个月以上即得椰花汁白酒。

第二节　椰衣的利用价值

椰衣是指椰子的外果皮和中果皮，一般占椰子重量的 33%~35%，主要成分是椰衣纤维和椰糠，老椰子中椰衣纤维占 30% 左右，其余 70% 为椰糠。

一、椰衣纤维加工

椰衣纤维主要由纤维素、木质素、半纤维素以及果胶物质等组成，其中含有纤维素 46%~63%、木质素 31%~36%、半纤维素 0.15%~0.25%、果胶 3%~4% 以及其他杂糖、矿物质类等，具有优良的力学、耐湿、耐热、透气性能。可加工成为椰棕垫、纤维网、隔音板、防震包、绳索、毛刷等，其加工的最主要产品椰棕垫被全国人民广泛使用，具有绿色环保、透气性好、抗菌防螨、冬暖夏凉、保护脊椎、防潮防霉等优良特性（图 4-2、图 4-3）。

A. 椰糠砖；B. 椰子绳索；C. 椰棕垫

图 4-2　椰衣加工产品

图 4-3　椰衣纤维网

二、椰衣栽培介质加工

椰糠的持水量为本身重量的 8 倍以上，无论作为栽培作物的覆盖材料，或作为栽培基质原料，均非常有利于作物的快速生长，且无公害，是一种纯天然、能被微生物降解、可重复使用的再生资源，在园艺栽培中具有改良土壤结构、提高土壤通透性、提高土壤含水量、促进营养转移、减少土壤板结和土壤流失、保水保肥等性能，被广泛应用于苗木栽培、无土栽培等领域（图 4-4）。椰衣栽培基质市场前景广阔（李新菊等，2001）。

图 4-4　椰衣栽培基质

国外在重视椰子主产品开发研究的同时，也非常重视椰子副产品的研究与开发。印度的椰衣纤维已经发展成为印度主要的椰子出口产品；我国一些手工艺人也用椰子纤维编织一些精美小巧的小篮子、花瓶等（图 4-5）。

图 4-5　椰子纤维编织的工艺品

第三节　椰子水的利用价值

人们经常将椰浆（椰奶）、椰子汁和椰子水的概念混淆，特别是椰子水和椰子汁。椰奶是指从椰肉中压榨获得的一种油脂和蛋白质含量丰富的白色乳状液。椰子汁是以椰奶为主要原料，经过加入大量的水和适量的食品添加剂调配而成的白色乳状饮料。而通常作为饮料喝的椰子水是来源于未成熟的椰子果腔内部的水状透明液体。椰子汁是一种富含电解质的天然饮料，可在运动或生病后饮用，以补充水分和矿物质（Fernando et al., 2015；Mat et al., 2015）。

椰子水是椰子果实腔内的液体胚乳，是一种营养和保健价值很高的天然饮料。在最初的6个月里，随着椰果体积的扩大，腔内充满了椰子水（液体胚乳）。随后，固体胚乳从果实的果蒂端凝固，逐渐向内部区域延伸。固体胚乳在花后第7到第9个月之间逐渐硬化，由最初的果冻状形态，变为硬质的固体胚乳（椰子肉）。

一、椰子水的成分与功能

椰子水入口甘甜、晶莹透亮、清凉解渴，具有丰富的糖、矿物质、维生素和少量蛋白质、氨基酸和有机酸等其他微量成分，是一种营养丰富的天然功能饮料（王萍等，2007），备受消费者青睐。杨慧敏等（2013）采用氨基酸自动分析仪，对不同成熟度椰子（椰青、嫩椰子、成熟椰子）的椰汁及其椰子水饮料中17种氨基酸组分和含量进行分析。从中检测到丙氨酸、甘氨酸、缬氨酸、亮氨酸、异亮氨酸、脯氨酸、天冬氨酸、苏氨酸、丝氨酸、蛋氨酸、谷氨酸、苯丙氨酸、赖氨酸、酪氨酸、胱氨酸、组氨酸和精氨酸。结果表明：椰青、嫩椰子、成熟椰子水和椰子水饮料中，氨基酸含量丰富，谷氨酸、丙氨酸和天冬氨酸均为主要氨基酸。嫩椰子水、椰青椰子水、成熟椰子水、椰子水饮料中这3种氨基酸组分总量占总氨基酸含量的比例分别为69.51%、60.24%、49.65%和65.08%。而且椰子水含有非常丰富的必需氨基酸，依次为嫩椰子含必需氨基酸24.15毫克/100克，成熟椰子水含必需氨基酸17.5毫克/100克，椰青含必需氨基酸14.7毫克/100克，椰子水饮料含必需氨基酸10.39毫克/100克。

椰子水中除含有多种脂类和氨基酸外，还含有荷尔蒙物质、利尿物质、冷凉性物质、利膀胱性物质等药用物质，已经有研究证实其在药物和健康领域的作用（李文彬，1999；Prades et al.，2012）。天然椰子水的抗氧化活性较强，具有很好的保健功效（郑亚军等，2009），在临床上可用于辅助治疗肝炎和肠胃炎，在食品工业上可用于生产多种食品，如椰纤果和椰子水饮料等。菲律宾科学家经研究发现，椰子水是生产强力抗菌素——氧化四环素的一种简易的培养基。另据报道，椰子水还可治疗肾结石（Borinet al.，2022）。同时，椰子水还被证实具有降血压、降血脂、保护心脏、降血糖和保护肝等功效（Anurag et al.，2003；Divya et al.，2023；Awaluddin and Anelda，2024）。

此外，在其他医学领域椰子水的功效也得到了应用。Rao等（2019）对嫩椰子水和成熟椰子水对贫血和出血性疾病的影响的研究中首次探索、比较和记录了不同阶段椰子水对家兔血液和凝血参数的影响。结果显示：椰子水对包括红细胞和血红蛋白在内的关键血液学参数有积极影响。凝血谱显示，随着对家兔喂养椰子水天数的增加，出血时间减少和凝血时间增加，血小板和纤维蛋白原水平显著升高。而这项研究中嫩椰子水略占主导地位，这可能归因于嫩椰子水和成熟椰子水之间的独特成分差异，包括微量营养素、碳水化合物和酚类成分等。这项研究的结果引发了人们对椰子水可能对贫血和出血性疾病有积极影响的关注。

二、椰子水的加工与利用

1. 椰青

Chikkasubbanna 等（2004）对 6~9 个月的椰子水成分和椰果组分分析研究，发现 7、8 个月的嫩果椰水营养物质和糖类已达到一定数量，此时椰水更感爽口，认为此时是椰果饮水最佳采果期。但椰子果实体积大，果重，形状不规则，不易摆放，不便包装与长途运输，且椰衣厚，饮用时需用刀砍，不方便。为了解决上述问题，马来西亚及泰国等东南亚国家最先把鲜椰果的椰衣削去一部分，加工成一定形状并进行保鲜处理后，包上保鲜膜，成为一种叫椰青的产品，既保持椰子水原汁原味又可长途运输，是居家旅游消费的时尚商品，风靡东南亚及我国香港等地。马来西亚还为此培育出一种椰子改良新品种（香水椰），专门用来加工椰青产品（图 4-6）。

图 4-6 不同品牌及包装的椰青

2. 椰子水饮料

新鲜椰子果及椰青产品供不应求。但其体积和重量都较大，携带不方便，且制作椰青时需要用保鲜剂浸泡，存在食品安全隐患。所以学者希望生产天然椰子水饮品来弥补椰青运输等方面的不足。

椰子水饮料以其特有的浓郁椰香味及纯正的品质逐步被广大消费者接受，成为热带果汁饮料中的畅销产品。然而由于受到原料椰子的限制，椰子水饮料的生产企业主要集中在椰子产区的海南省，内陆地区的大部分企业都无法进行生产，同时各生产企业都以成本较高的易拉罐作为包装材料，产品成本偏高，无法满足更多消费者的需求。而且椰壳一旦被打开暴露接触到空气，椰子水的化学成分和风味就会发生很大变化，造成收集、贮藏和加工困难（邓福明等，2018）。椰子水由于含有丰富的糖类及氨基酸，杀菌时往往会产生"红糖味"，因此生产出来的椰子水味道也失去了原有的鲜美，为此椰子水的加工也成为一个难题。目前国内椰子水饮料生产较少，而在泰国椰子水已被加工成饮料进行销售，但是食品添加剂的味道太浓，产品整体风味不佳（李瑞等，2009）。

经历了30多年的发展，天然椰子水饮品经历了第一代浓缩还原型椰子水和第二代生榨调制型椰子水两个阶段。目前，第三代生榨非浓缩工艺推动了天然椰子水饮品行业换代更新，促使天然椰子水饮品朝着多元化和营养化发展。

3. 椰子水发酵饮料

研究者在开发椰子水饮料的同时，本着更健康的原则，采用乳酸菌发酵椰子水。例如，发酵乳杆菌L20、面包乳杆菌32-2-2、短乳杆菌64-1、植物乳杆菌A33、嗜热链球菌IFFI6038和德氏乳杆菌保加利亚亚种CICC6045发酵椰子水制备饮料。不同的乳酸菌椰子水饮料其pH值、总酸等均有所不同（邵璐滢等，2020）。谢雨婷等（2019）以新鲜椰子为原料，嗜酸乳杆菌和植物乳杆菌为菌种，辅以蔗糖和葡萄糖，经发酵条件的优化研制出一种具有独特风味的富含益生菌的椰奶发酵饮料。他们的研究表明：当发酵温度为41℃，发酵时间为18 h，接种量为9%，菌比例（植物乳杆菌/嗜酸乳杆菌）（Z/S）为1时，椰奶饮料活菌数含量达2.011×10^8 CFU/mL，与模型预测值较为吻合，远高于市场标准。其富含的乳酸菌均可定殖于人体胃肠道，更好地发挥护肠保健作用。发酵后的椰奶保留了纯正的椰香，口感细腻，质地均匀。这些乳酸菌椰子水饮料制备工艺也在不断地更新，不久的将来它们可以走进老百姓的餐桌，成为新一代健康饮品。赵晓明等（2022）以椰浆和浓缩椰子水为原料，添加保加利亚乳杆菌和嗜热链球菌的混合菌种共同发酵，研制具有良好风味的凝固型功能性椰子植物酸奶。研究发现：添加 4% 浓缩椰子水，40℃发酵 8 小时制得的酸奶的状态黏稠、口感细腻，具有独特的椰香味，品质最佳；且该条件下获得的酸奶产品的 DPPH 自由基清除能力和总还原能力均远高于市售酸奶和对照酸奶。

4. 椰纤果

椰纤果（Nata de coco）是以椰子水或椰子汁（乳）为主要原料，经木葡糖醋酸杆菌（Gluconacetobacter xylinus）发酵制成的一种纤维素凝胶物质，也称椰果、椰子纳塔或高纤椰果（图 4-7）。可分为酸渍椰纤果、蜜制椰纤果、压缩椰纤果、杀菌椰纤果和粗制椰纤果 5 类。其主要成分为纤维素，分子链短，取向性好，吸水性强，呈现独特的凝胶状半透明质地，咀嚼性好，风味独特，深受广大消费者的青睐。

图 4-7　椰纤果

与植物纤维素相比，细菌纤维素具有高持水量、高扩张强度、高生物适应性等特性，已经作为一种新型生物材料广泛应用于食品、医药、造纸、声学材料等多个领域。同时，由于椰纤果富含纤维素，持水性高、弹性好、口感爽滑、咀嚼性好，具有减肥、清肠胃、防便秘等保健功能，是一种优良的高纤维保健食品。在中国、日本、菲律宾和印度尼西亚等国家十分畅销，市场需求量巨大，近年来大有供不应求之势。现在东南亚各国和我国海南，利用椰子水作为培养基发酵生产椰纤果已经形成了一个新的产业（蔡坤等，2012；钟春燕等，2013）。椰纤果主要被应用于果冻、果肉饮料、乳制品（含果肉）、罐头、冰激凌、烘焙食品、珍珠奶茶等食品。

此外，近十几年来，人们还把养分全面、含多种促进细胞生长发育激素的椰子水作为培养液，应用于植物组织培养和鲜花保鲜等 (Yong et al., 2009)。

第四节　椰子肉的利用价值

椰肉是椰子的固体胚乳，它是随着椰子果实的成熟逐渐增厚的。7月龄的椰果（图4-8A）椰肉没有覆盖整个椰腔，有1/3区域椰肉仅为薄薄一层甚至没有，随着椰果的成熟，椰肉逐渐形成，从最初的透明胶质状变为白色坚硬状（图4-8C）。李静等（2019）研究发现从花后6月龄至12月龄的椰子果实，椰肉呈逐渐增厚的趋势，从0.25 cm到1.1 cm（表4-2）。

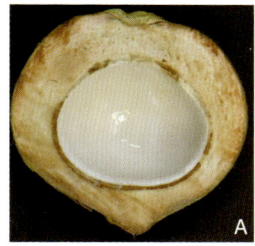 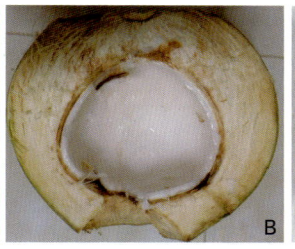 

A. 7月龄幼嫩椰果；B. 8月龄椰果；C. 12月龄椰果

图 4-8　不同发育期椰子果实

表 4-2　椰子发育过程中椰果各部位的变化情况

椰果部位	发育时期							
	本地高种				红矮椰子			
	6月龄	8月龄	10月龄	12月龄	6月龄	8月龄	10月龄	12月龄
果实纵径（厘米）	19.5	19.2	19.0	19.1	18.0	17.5	18.1	18.0
果实横径（厘米）	18.2	17.5	17.3	18.2	14.3	14.5	13.5	13.5
果肉厚度（厘米）	0.25	0.37	0.9	1.1	0.3	0.38	1.0	1.1
果重（千克）	1.95	1.61	1.40	1.32	1.35	0.95	0.80	0.75
椰子水含量（毫升）	430	400	320	280	370	340	275	210
可溶性固形物	4.9	5.5	4.4	3.9	5.1	6.2	5.2	4.5

（注：表 4-2 摘自　李静等，2019）

一、椰肉的成分与功能

椰肉的营养成分丰富，研究表明，每 100 克椰肉含水分 51.8 克、蛋白质 4 克、脂肪 12.7 克、粗纤维 4.7 克、碳水化合物 26 克、灰分 0.8 克、硫胺素（维生素 B_1）0.01 毫克、核黄素 0.01 毫克、尼克酸 0.5 毫克、抗坏血酸 6 毫克、钾 475 毫克、钠 556 毫克、钙 2 毫克、镁 65 毫克、铁 1.8 毫克、磷 90 毫克、硒 6.21 微克、锌 0.92 毫克、铜 0.19 毫克、锰 0.06 毫克。此外，还含有生育酚。

二、椰肉的加工利用

成熟椰果（图4-9）的椰肉可以制成椰子汁、椰子糖、椰奶、椰子油、椰子酒、椰子酱和椰蓉等产品，还可加工成椰片、椰丝、椰角、椰蓉和椰饼等系列营养丰富、风味独特的食品。而这些产品又以原料的不同分为不同的种类。其中一部分产品以椰奶为原料，如椰子糖、椰子粉等。

图4-9　成熟椰子果（老果）

1. 椰子糖

椰子糖是以新鲜椰奶为原料，添加糖浆和其他辅料，经熬制、浇注等过程制备而成的传统椰子食品，主要分为椰子硬糖和软糖两大类。据不完全统计，海南省共有椰子糖生产企业50余家，主要分布于海口、文昌、琼海等地，代表企业有春光、椰海、南国、品香园等。

2. 椰子蛋白饮料

椰子粉也是以新鲜椰奶为原料,添加乳化剂等辅料经喷雾干燥制成椰浆粉,然后添加植脂末、麦芽糊精和白砂糖等其他辅料经配料、混合、包装等工序加工而成的粉末状椰子食品。椰子粉富含人体所需的18种氨基酸、钙、锌、锰、铁、维生素C和E等营养成分,是迄今为止氨基酸含量最高的固体饮品。其所含的维生素E能保持女性青春活力,丰富的锌可促进发育,镁可改善老年人的循环系统。除冲饮之外,还可代替椰子用于烹饪各种食品,如煮饭、炖鸡、蒸鸡蛋或做椰汁鱼头汤等。椰子粉种类繁多,有纯椰子粉、珍品椰子粉、纯香椰子粉、营养椰子粉、速溶椰子粉、浓香椰子粉等多种类别,也有椰奶咖啡、椰香奶茶、可可椰奶粉、椰奶营养麦片等多种衍生产品。

椰子汁是以新鲜椰奶为原料,经调配、均质、灌装、灭菌和包装而成的饮料类椰子食品。富含糖类、脂肪、蛋白质、维生素和钾、镁、铁等大量人体所必需的微量元素,有利尿消肿、解酒、预防高血脂和心血管疾病、驱虫杀菌、扩充血容量、滋润皮肤、驻颜美容等多种功效。同时也是椰子食品中现代化程度和科技含量均较高的一类产品,市场需求也逐年递增。近年来,全球植物蛋白饮品发展迅速。2020年,中国植物蛋白饮品年产量达90亿升,并以20%的年增长率迅速增长,预计到2025年,我国植物蛋白饮品年产值可达1 400亿元。天然椰子水饮品因营养丰富及风味独特而深受消费者青睐,其产品份额在植物蛋白饮品市场占比达15%,仅次于豆乳饮料(邓宝华等,2022)。

椰浆由新鲜成熟的椰子经过剥壳、削皮、除椰子水,然后对椰肉进行压榨提取获得(图4-10)。椰浆营养成分丰富,具有大量的脂肪、蛋白质、维生素、矿物质等(胡志勇等,2015)。相关研究表明,椰子汁作为一种天然营养饮料,具有健身作用,一定剂量的椰子汁可以在预防高脂血症和动脉粥样硬化方面发挥一定作用(Zhao et al.,1995)。椰子蛋白具有降低血压和胆固醇饮食

图 4-10　椰浆

引起的过氧化作用（Salil et al., 2001；Angelia et al., 2010；Huang et al., 2016）。椰浆中氨基酸含量丰富，各氨基酸比例适宜，能够提供人体内无法合成的必需氨基酸（郭帅等，2018）。椰浆中的脂肪酸占比最高的是月桂酸，含量约为 46%（蔺志颖等，2019），因其是中链脂肪酸，不会引起胆固醇水平的升高，且具有抗菌等生理功能（Ertanto et al., 2009），能够对心血管及心脏健康产生积极的影响（Hewlings et al., 2020）。

利用椰浆可以加工一系列椰子饮品、酸奶等。椰奶富含有益脂肪，口感极好，因此在咖喱、炖菜和冰沙中很受欢迎。椰奶和奶油在烹饪中也是普通牛奶、奶油和黄油的受欢迎的无乳替代品。椰奶已被用作咖喱和甜点等几种菜肴的主要成分（Tansakul and Chaisawang，2006）。椰奶还可以加工成海南独具盛名的美食——椰奶清补凉（图 4-11）。杨翰南和兰诗宇（2021）改良了方法，不添加动物乳、动物奶粉或者大豆成分，采用适温培养，获得椰子发酵纯素饮品，具备风味独特，营养价值高等特点。当发酵椰浆原液添加量为 60%，发酵温度 36℃，发酵时间 24 小时制备的发酵型椰浆饮料综合评分最高，口感最好，椰浆发酵饮料是一种既安全又营养的动物蛋白替代品。像国内知名品牌椰树集团生产的椰果椰汁就是一款很畅销的植物蛋白饮料（图 4-12）。

图 4-11　椰奶清补凉

图 4-12　椰树牌椰汁

3. 椰子油

椰子的出油率高，5 个椰子就能榨出约 500g 油，从油料作物产品的出油率来看，最高的是椰干，达 63%~65%，为油棕仁（46%）、花生仁（44%）和大豆（16%~18%）所莫及；如以产油量计，椰子的产油量仅次于油棕，高于其他油料作物。因此大力发展椰子生产，不仅有利于解决工业用油和食用油紧缺，还可以代替部分植物油料的生产，有利于扩大粮食作物的种植面积。椰子油含有中链脂肪酸（MCFA）。MCFA 的独特之处在于，它们很容易被肝脏吸收和代谢，并可以转化为酮。酮体是大脑中一种重要的替代能源，可能对正在发展或已经患有记忆障碍的人有益，如阿尔茨海默病（AD）。椰子被列为营养丰富的功能性食品（Fernando et al., 2015）。

椰子油是另一种受欢迎的椰子衍生产品，椰子油在高于 25℃时呈无色透明液体状，具有椰子特有的香味。而温度低于 25℃时椰子油就会凝固成乳白色（图 4-13）。通常用于烹饪和烘焙以及个人护理和化妆品。椰子油具有抗菌、抗病毒、抗糖尿

图 4-13　椰子油

病、抗菌、抗炎和保护心脏的作用。此外，椰子胚乳中的纤维具有降低胆固醇的特性，其半纤维素有助于降低血液中的胆固醇。由椰子油制备的中碳链甘油三酯在保健食品和医药品方面应用广泛。国外椰子油的应用已延伸到生物制药领域，而我国的椰子油制品除单纯地应用于传统的洗涤剂制造业外，还有待进行更深入和更广泛的研究。

椰子油的压榨方式也分很多种。椰子油相对稳定性高，陈阳等（2022）研究不同焙烤时间对椰子油理化指标、脂肪酸组成、红外光谱、氧化诱导期及热氧化反应动力学和活化能的影响。结果表明，焙烤使椰子油的出油率、酸价和 BI 指数升高，使水分含量降低，其中焙烤 220 秒后变化最显著。说明焙烤处理是一种能够提高椰子油氧化稳定性的有效方法，且对椰子油的品质影响不大。

初榨椰子油（virgin coconut oil, VCO）是用机械或天然的方法，不用化学方法精炼、漂白或除臭而从新鲜、成熟椰肉中制得的一种油脂。由于加工方法非常温和，故 VCO 具有明显的椰子香气，且最大程度地保留了椰肉中的微量成分及生物活性，比一般椰子油含有更多的未皂化成分，特别是多酚类化合物和 VE，因此具有抗氧化、抗菌、抗病毒、降低血浆胆固醇等多种生理功能，在食品、医药、化妆品等行业中应用广泛，具有广阔的市场前景（李瑞等，2007）。目前初榨椰子油逐渐发展成走亲访友的馈赠佳品。

VCO 产品在国际市场上备受关注，而目前我国全部依赖进口，相关产品的成本非常高，急需加大其产品研发及市场推广力度，进一步提升椰子加工产业附加值。此外，国外还非常重视椰子药用价值的研究与开发，有研究表明，初榨椰子油具有抵抗微生物、改良心血管、增强免疫能力、提高消化能力、抗 SARS、抗疟疾等多方面的保健功能（Babu et al., 2014）。另有研究表明，初榨椰子油的抗菌潜力与戊二醛和乙醇相当，对口腔病原体具有显著的抑制作用，可用于 3D 打印手术的消毒（Khalil et al., 2023）。

椰子油不仅是一种食用油，还是重要的油脂化工原料，其脂肪酸成分是许多油脂化学品的起始原料，经过适当的选择和加工后，可以转化为更高附加值的产品，如椰子甲酯、塑剂醇、多元醇酯、中碳链脂肪酸甘油酯、机械润滑油、高级洗涤剂、香皂和牙膏等（图4-14），此外，榨油后的椰饼还是优质饲料。

图 4-14　椰子油肥皂

油脂类能源物质的高效转化利用是实现"碳减排"以及"碳中和"的一个重要路径，通过裂解法制备的生物燃油，具有工艺简单、副产物少、获得的液体生物燃油热值高、原料适应性广、不会产生甘油等优点而备受人们关注。在国外，椰子产品的利用已经涉及各个领域，如马来西亚的棕榈燃油转化工程，将椰子油经过系列的提炼，生产出类似于汽油的燃油，把椰子油从日用化工和食用范畴拓展到动力能源领域。我国也有以椰子油为原料，通过液相裂解和气相催化裂解方法制备高品位生物燃料的研究（代圣超，2021）。

第五节 椰子壳的利用价值

椰子壳具有耐酸、耐碱，质地坚硬，外形圆润，中空如球等特点。含有大量的木质素、纤维素和戊聚糖等，是上好的加工材料，所以它很早就被古人用于生活器物（汪春燕和庄宜君，2021）。

一、椰雕

椰子壳可以雕刻成精美别致的工艺品，如手链、屏风等；还可以制作出上百个生活用品，如碗、灯饰、家具、椰壳地板等（图4-15），在舞蹈、祭祀、婚庆活动中经常使用。

唐代即已出现关于海南椰雕的记载，明、清时期椰雕被作为珍品进贡朝廷，赢得"天南贡品"之誉。其样式新颖，造型古朴，画面雅致，质地轻巧，融观赏性与实用性于一体，具有浓郁的海南风格。2 000多年的种植历史，激发了人们利用椰子壳的想象力，也留下了传统椰雕手工艺。

雕刻工艺包括平面浮雕、立体浮雕、通花浮雕，还有带棕立体雕刻和贝壳镶嵌雕刻等多种手法。椰雕（海南椰雕）一般经过设计、选材、开料、雕镂、造胎（铜或锡质等）、镶嵌、修饰或打磨、上漆或贴金、装饰（配套）等工序（图4-16）。

椰雕手工艺在海南文昌东郊具有悠久的历史，是几百年来椰子文化的积淀，惟妙惟肖的椰雕产品也彰显了手工艺人的思

图 4-15 椰壳等制作的厨房用具及餐具

图 4-16　椰雕屏风

想和技艺（图 4-17）。椰雕作为一种以椰子为原材料的手工艺术品具有很大的艺术价值和市场价值空间。但由于椰壳雕刻工艺复杂，做工精细，耗费时间久和产量低等问题导致现在年轻人不愿学习、继承这一门艺术，使得椰雕文化在传承方面面临着断层的危机。随着技术的发展，特别是机器的引入和参与加工，造成人们的审美观和思想观发生改变，人们不再愿意购买价格昂贵的手工椰雕产品。使得椰雕艺人难以靠此技艺养家糊口，使得椰雕文化处于濒危状态，若椰雕文化流失将是椰子文化的

图 4-17　椰壳制作的小工艺品

一个巨大损失。

国家级非物质文化遗产海南椰雕省级代表性传承人吴名驹说,"椰雕从来都不是个讨巧的活计。"因为椰壳表面光溜,质地却坚硬得很,手工在上面雕刻,容易打滑,不好着力,要是用力过度,还很容易划伤手指。20 世纪中叶以来,椰雕技艺在继承传统的基础上又有了创新。近年来,椰雕被列为国家级非物质文化遗产,椰雕的花色品种发展到了 300 多种(图 4-18)。不仅有浮雕、沉雕、镂空雕等传统雕刻手法,还有新研发出的榫卯结构的圆雕(王晓樱等,2021)。

图 4-18　椰雕工艺品

二、椰壳活性炭

椰壳可以制作活性炭(图 4-19)。椰壳活性炭外观为黑色、颗粒状,具有孔隙发达、吸附性能好、强度高、易再生、经济耐用等优点,但是因为椰壳产地等问题,价格高于常规木质活性炭。椰壳活性炭在石化炼油、用碳加法提取黄金的工业中,有着不可替代的地位。杨嘉宜(2019)利用椰壳活性炭作为吸附剂吸附去除水中阴离子染料刚果红和阳离子染料孔雀石绿。结果表明:椰壳活性炭对刚果红和孔雀石绿都有很好的去除效果,去除率可达93.2%和96.5%,吸附容量可达228.1毫克/克和258.6毫克/克。此外椰壳活性炭还可以应用于漂白废水(李成龙等,2019)。椰壳还有一定的药用价值。《中国医药大辞典》介绍,"椰壳熬青之后,涂癣疾"。利用椰壳生产的"宝岛癣药水"早就闻名全国。此外活性炭还可以作为主要成分生产肥皂(图4-20)。椰壳活性炭是一种具有广谱吸附力的物质,能够吸附和去除毒素、化学物质和过剩的皮脂等。加入椰壳活性炭的肥皂可以在肌肤表面形成微小的吸附孔道,能够有效去除皮肤表面的毒素和污垢,使皮肤更加清爽。

图 4-19　椰壳活性炭

图 4-20　活性炭抑菌肥皂和椰子油抑菌皂

第六节　椰子吸器的利用价值

随着椰果成熟,胚逐渐发育长大,椰果成熟时,在发芽孔附近有一个约 0.10 克大小的胚。初生胚呈白色圆柱状,在椰壳中胚乳的上端,位于果蒂部位下方。当萌发条件合适时,椰子种果中的胚下方的组织会逐渐吸收椰腔内的椰子水和椰肉中的营养成分,逐渐变大,最终长成充满椰腔的海绵状蓬松组织(图4-21),因此人们形象地称这个组织为椰子吸器(Haustorium)(Winton,1901;Gies,1902;D'Amato et al., 2012;Manivannan et al., 2018),但目前关于椰子吸器的形成机理及其对椰子种子萌发所起的作用尚不清楚。

图 4-21 椰子吸器及其剖面

吸器能分泌出高活性的脂肪酶、纤维素酶和蛋白酶等,从椰子水和发育后期的胚乳中吸收营养,供给胚胎发育(Manivannan et al., 2018),在海南本地被称为"椰宝""椰子饼",是椰子加工副产物之一。李静等(2017)分析了海南本地高种椰子吸器萌发过程中的超氧化物歧化酶(SOD)、过氧化物酶(POD)活性、可溶性蛋白和多酚含量的变化规律,发现新鲜成熟椰果的吸器在发育过程中具有较高的 SOD、POD 活性及多酚和可溶性蛋白含量。Li 等（2019）分析了不同发育期椰子吸器中的可溶性糖及脂肪酸变化。发现吸器中的蔗糖和月桂酸组分含量均占比较高。

第七节　椰子其他部位的利用价值

一、椰子根与树干

椰子根能止痢。我国用于补益四塔、催乳、镇心安神、治疗肝病的药引子，国外用于治疗泌尿问题、发烧和腹泻（图4-22）。椰子树还具有重要的生态效益，因树姿优美，是热带地区美化绿化环境、抗击台风的重要树种。其在挡风减灾、保持水土和防止荒漠化等方面发挥着重要作用。椰子树干质硬挺直，是建筑房屋、制造家具的好材料（图4-23、图4-24）。

图 4-22　椰子根

图 4-23　纯椰子树建造的凉亭

图 4-24　椰子壳及椰子树干建造的椰树门

二、椰子粕

椰子粕可用于饲养鸡等家禽。齐琪等（2023）研究表明，饲粮中添加1.50%~7.50%的椰子粕未对文昌鸡生长性能、屠宰性能和肉品质产生不利影响；饲粮中添加1.50%椰子粕可以显著降低料重比，同时提高屠宰率。

三、椰子树芯

椰子树芯是椰子树顶端最嫩的树芯部分，剥去外面包裹的外皮，里面白色的部分就是椰子芯（图4-25）。它不仅可以直接生吃，口感清甜有椰香味，也可以凉拌或者炒着吃，味道像竹笋，所以也有人称椰子芯为椰子笋。椰子芯在越南可以做成一道人们喜爱的沙拉（图4-26）。

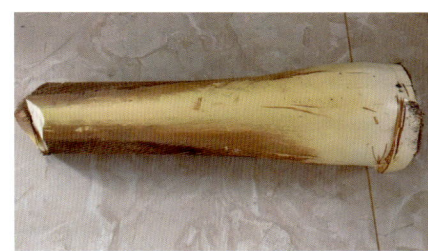 

图4-25 椰子芯

图4-26 椰子芯沙拉（越南）

四、椰子叶

椰子叶片羽状全裂,革质,呈线状披针形,长65~100厘米,宽3~4厘米,先端渐尖;叶柄粗壮,长超过1米。椰子叶用来覆盖屋顶,制作帽子、筐、扇子和席子、斗笠等,既实用又美观。椰子叶还可以编制帽子、盘子和篮子,精巧美观,独具特色(图4-27、图4-28)。椰子叶片还可以作为覆盖椰子木建造的房屋屋顶,世界各地有很多出名的椰子树和椰子叶建造的房屋(图4-29至图4-31)。椰子树干还可以做成一些特色摆件供游客欣赏(图4-32)。

图4-27 椰子叶编制帽子、盘子和篮子

图4-28 椰子叶篮子

图4-29 马尔代夫椰子叶片屋顶

图 4-30 密克罗尼西亚男人屋

图 4-31 菲律宾椰子宫

图 4-32 椰子树干做的小鹿和小羊摆件

第五章
椰子文化

摇曳的椰子树、或静谧或波涛滚滚的大海、热带明媚的阳光、温暖细腻的沙滩构成了一幅美丽、独特的风景画。为热带地区人民以及游客带来不一样的视觉享受，也造就了椰子文化的源远流传。在整个太平洋地区，椰子在神话、传说、歌曲、谚语和谜语中占有重要地位。在图瓦卢，椰子的叶尖被用作宗教标志。椰子在印度洋和太平洋地区的文化和医药用途广泛。在印度南部，椰子壳自古以来就被用于许多宗教和社会仪式。在祭祀全能神所用的众多物品中，椰子占有特殊而较高的地位。在印度，没有椰子就不能接受宗教献祭。这些习俗大多在印度教徒中延续至今。

第一节　椰子美食

椰子是一种食性优越的食品原料，它不仅含有丰富的营养成分和独特的风味，而且还有一系列保健功能，深受人们的喜爱。热带地区的人们以椰子为食品原料或者佐料，开发了一系列营养丰富、风味独特的椰子食品和椰子食谱。海南本土最早记载椰子的文献是明代正德年间的《琼台志》："树如槟榔，状如棕榈，叶如凤尾，高十数丈。有黄、红、青三种，黄性凉，青性热，出文昌多。"这段描述把椰子树的外观、品种、特性和主要产地悉数涵盖。说到黄椰性凉、青椰性热，海南民间迄今仍有此说法，而红椰则介于二者之间，不凉不热——性平。

1. 椰子饭

椰子除了鲜食，还被加工成各种美食。"椰子饭"又名椰子船（图5-1），属于海南菜。在海南的民间食品中，椰子饭是一

图 5-1　海南椰子饭

种极为独特的食品，椰子饭清香带甜，是由海南优质糯米、天然椰肉和椰汁一同蒸熟而成，是海南传统农家小吃。做法为：取成熟的鲜嫩椰子，剥除外衣及硬壳，取出整只肉瓤，在顶端切开小口留盖，倒掉椰子水，将提前洗净浸泡数小时后滤去水分晾干的糯米填入椰盅内，同时加入白糖及鲜椰汁，灌入淡鲜奶或沸水，用椰盖封口缚紧，放进盛有清水的锅中加盖，旺火煮沸，然后用慢火煮 3~4 小时，糯米熟透胀满后取出，切成小块食用。

2. 椰浆饭

椰浆饭（Nasi Lemak）是在文莱、马来西亚与新加坡很常见到的一道美食，主要材料有大米、椰汁等，辅料有椰浆丝、鸡蛋等，口味偏清淡（图 5-2）。椰浆饭是马来西亚的非正式国肴。在登嘉楼与吉兰丹东海岸，"搭冈饭"非常普通。在马来文化根基里，椰浆饭的马来文拼音是 Nasi Lemak，Nasi 是饭，Lemak 是脂肪，指的是椰浆。这个饭的名称来自它的烹饪过程，那就是把饭浸泡在浓椰浆里后再把饭与椰浆的混合物拿去蒸。有时候，会在蒸煮过程中把打了个结的班兰叶放入饭里，以增加它的香味。在印度尼西亚也有类似这样的美食，称作"乌督饭"。椰浆饭传统上被用来当早餐吃，而它也在清晨就在马来西亚的路边档口售卖。它通常是被报纸、麻浆纸或香蕉叶包住售卖的。

图 5-2　马来西亚椰浆饭

3. 椰子鸡

说起椰子美食，就不能忽略一道海南文昌人民最喜爱的传统菜肴——椰子鸡。椰子鸡是以嫩椰子（7~9月龄椰果）椰子水、椰肉以及文昌鸡科学调配汤底制作而成的，极大提高了椰子鸡品质（图5-3）。而且制作者还申请了专利（符史钦，2018）。以此方法制得的椰子鸡，其口感、色泽、黏度、弹性、气味感官指标均显优，尤其是鸡肉鲜甜且皮脆肉弹，汤清甜可口，椰子肉滑脆。鸡肉、鸡汤完美融合椰子水的清甜和鸡肉的鲜美，口感极佳，而且其鸡肉和椰子鸡汤蛋白质、氨基酸含量高，脂肪含量较低。

图5-3 椰子鸡汤

4. 清补凉

椰奶或者椰子水做的椰子清补凉，是一道男女老幼都喜欢的甜品。甜丝丝带着椰子特有香味的椰奶或者椰子水，再搭配一些西瓜、火龙果、红豆、绿豆、莲子、芡实、薏米、西米、通心粉、芋头、鹌鹑蛋、汤圆、红枣、龟苓膏、银耳等配料，就形成一道夏日绝佳的美味甜品。但不同地区不同店家根据不同人群常又有其特色配料。秋冬也可以做常温的。制作工序：首先将绿豆、薏米、芋头、鹌鹑蛋、汤圆等分别煮熟，备用。其他食材洗净、切好；凉开水制冰块；再准备椰子水和椰奶。做成品的时候，每样食材抓一点，抓几块冰块，掺上椰子汁、椰子水或红糖水，再放两勺嫩椰肉。清补凉多以糖水的形式出现，不同地区有其独特的风味和食疗效果。经过改良，清补凉除了原先的糖水以外，还有椰子水、椰奶、冰沙和冰激凌等不同吃法（图 5-4）。流行于中国海南、广东、香港、澳门、广西等地区，也造就了一些清补凉品牌。清补凉被誉为"舌尖上的清凉"。苏轼曾有诗赞曰："椰树之上采琼浆，捧来一碗白玉香"。

图 5-4　椰奶清补凉

5. 椰子冻

椰子冻是人们爱吃的另一款甜品。用椰奶、糖、牛奶和吉利丁片熬煮后倒入去掉椰子水的顶上开孔的椰青或老椰子中，冷藏 6~8 小时就做成一道美味香甜的甜品，很多人为了健康和美味会在上面加上一些芒果丁、蔓越莓、葡萄干、花生碎等（图 5-5）。

6. 椰子米糕

在国外很多国家也将椰子作为其传统美食。僧伽罗人的传统食品椰香米糕（Kiribath）是

图 5-5　椰子冻

斯里兰卡人最喜爱的一道小吃，据传释迦牟尼在六年苦修后吃下了牧女苏迦塔（Sujata）送来的乳糜，这就是椰香米糕的起源。如今当地人不仅在新年（Aluth Avurudda）、新婚等重要节庆场合食用，而且每个月第一天的早晨或人生中任何一个重要时刻都会吃椰香米糕。除此之外，它还是婴儿的第一口固体食物。椰香米糕的做法非常简单，就是将糯米(南部会用红米)用椰浆煮熟至糊状，待冷却后切成菱形糕状即可食用（娄晓琪，2020）。

7. 椰子蛋

人们将9月龄左右的椰果剥去外果皮、种果皮，削掉椰肉外面还未变硬的种皮，只保留白白的椰肉包裹着椰子水，俗称"椰子蛋"，放于塑料碗中，插根吸管，喝完椰子水，享用美味的椰肉，可谓健康的饮品了（图5-6）。

图 5-6　椰子蛋

8. 其他椰子特色美食

作为一种营养丰富、风味独特的食品原料，椰子不仅仅在加工食品方面应用广泛和深入，在配制食品方面，椰子也具有很多用途。如椰蓉就是一个烘焙中常用到的配料。椰蓉是以椰子为原材料，通过将椰子肉经过两次酶解，分离出滤渣和滤液，再将滤渣加工成椰粉，从滤液中提取天然的椰子多肽，将椰子多肽添加到椰粉中制得椰蓉，制备的椰蓉具有预防脂肪肝的功能（黄乙岗，2022）。椰蓉常用于面包、蛋糕、糖糕、巧克力等甜品上（图 5-7、图 5-8）。椰奶和椰浆作为椰子的副产物，多用于一些饮品的配制，如椰奶西米露（李春晖，2021）、椰奶布丁（图 5-9）、椰奶凉糕（图 5-10）等。雷文平等（2020）为进一步提高椰子的综合利用价值，以纯椰浆作为主要原料，对发酵椰子布丁的发酵条件进行优化。发现发酵椰子布丁的最佳工艺为：椰浆用量 80%，果胶添加量 4 克/升，发酵温度 43℃。在此条件下制备的发酵椰子布丁感官得分为 82 分，凝胶强度 56.32 克/平方厘米，所得产品表面光滑，呈乳白色，口感爽滑，弹性适中，椰香味浓郁。

许多国家正在研究椰子的新用途及椰子加工的新工艺，提高传统加工产品的质量，推出新品种，如颗粒椰干、烤椰子片、椰

图 5-7　加了椰蓉的椰子糕

图 5-8　椰蓉巧克力

图 5-9　椰奶布丁

图 5-10　椰奶斑斓凉糕

肉碎片、罐装椰奶、椰奶粉、椰子酱、椰子糖浆、椰子奶酪、速溶脱脂椰奶粉、分离蛋白质椰奶、甜味浓缩脱脂椰奶、椰子蜜、椰子醋、碳酸和非碳酸饮料、食品酵母以及浓缩椰子水等。

用椰浆制作饮品、酸奶等也是一道不错的饮品。孙远征等（2013）以香蕉、椰子、牛奶为主要原料，辅以合理的亲水胶体稳定剂、白砂糖配制出风味独特、营养丰富的香蕉椰子乳饮品。此外，以椰子和牛奶为主要配料制成的椰子牛奶深受消费者喜欢（图5-11）。林小秋（2021）研制出一款以香蕉原浆、椰浆、脱脂奶粉和炼奶为主要原料，搭配白砂糖、稳定剂、水等的香蕉椰子牛奶营养饮品。研究发现最优配方为：香蕉原浆2%、椰浆5%、脱脂奶粉4%、炼奶1%、白砂糖6.5%、复配稳定剂0.2%、小苏打0.03%，依照配方制备的香蕉椰子牛奶饮品，不仅同时具有香蕉和椰子的浓郁香气，还具有牛奶饱满的口感，营养丰富又细腻顺滑，无涩感。

图5-11　椰子牛奶

随着椰子产品的不断开发，我国也涌现出了一大批以椰子加工品为主营产品的企业。其中文昌市春光食品有限公司成立于20世纪90年代，是一家现代化民营企业，经过十几年努力，公司由作坊型工厂发展为现代化食品加工企业，以生产经营海南特色食品为主导方向，是集生产、销售为一体的企业。先后开发出一系列糖果、咖啡、固体饮料、饼干、罐头、蜜饯等一系列近200个产品，产品行销全国各地，并出口英国、美国、新加坡等国家，深受当地消费者喜爱。其中椰子产品就有近100个品种，主要包括椰子糖系列、椰子饼干系列、固体饮料系列、椰子糕、年货组合系列及其他系列（符芳芬等，2014）。椰海、绿果岛等企业也成为继春光之后的明星企业，产品种类丰富，远销国内外（图5-12、图5-13）。

图5-12　椰海公司部分椰子产品

图 5-13 椰江牌椰子片和椰子角

椰子在食品中的利用主要有以下几方面的优势。第一，椰子加工的一些产品可以用于蛋糕、馅饼、糖果、色拉和甜点心的配料或者装饰食品。如把椰干薄片烤成棕色、褐色或染上多种色彩，用椰子片装饰菜肴和食品。第二，在配制家常小甜饼、糖果、糕点、馅饼、色拉和甜点心时可以用椰子来做成各种各样的造型。第三，椰子产品可用来增加糖果、家常小甜饼、糕点等食品的体积和疏松度，像这样的椰子食品容易在 $-28\sim93\,^\circ\!\mathrm{C}$ 范围内切割、搬运或供人取食。第四，椰子富含脂肪、碳水化合物、氨基酸和维生素等多种营养成分，可以提高食品的营养价值。有许多椰子食品和菜肴由于有椰子风味而受到人们的喜爱。椰子的这种风味和香气可与大多数水果如樱桃、菠萝、草莓、柑橘、桃、杏、梅、葡萄、甜薯和南瓜等果蔬以及巧克力和香草的标准风味相协调。这种协调性是广泛使用椰子配制许多种食品的一个很重要的条件。

9. 椰子食疗

椰子油含有多种脂肪酸，如己酸、辛酸、癸酸、月桂酸、肉豆蔻酸、棕榈酸、硬脂酸、油酸及亚油酸等，此外，还含有多种甾体物质。椰子水含葡萄糖、果糖、蔗糖、脂肪、蛋白质、B族维生素、维生素C及钾、镁等，还含有少量的生长激素。其中，钾、镁含量丰富，其组成与细胞内液相似。所以，椰子具有系列保健功能，有食疗作用。中医认为，椰肉性平，味甘；椰子水性温，味甘，入肺。椰肉补脾益胃，杀虫清疳，主治绦虫、姜片虫病及小儿疳积、营养不良、食欲不振等病症；椰子水清暑降温，生津利尿，主治暑热烦渴、吐泻伤津、浮肿尿少等病症。详细说来，椰子主要的食疗作用如下：

（1）补充营养。椰子含有糖类、脂肪、蛋白质、维生素B族、维生素C及微量元素钾、镁等，能够有效地补充人体的营养成分，提高机体的抗病能力。

（2）利尿消肿。椰子水含有丰富的钾、镁等矿物质，其成分与细胞内液相似，可纠正脱水和电解质紊乱，达到利尿消肿之效。

（3）杀虫消疳。椰肉及椰子水均有杀灭肠道寄生虫的作用，饮其汁或食其肉均可驱除姜片虫和绦虫，用之于临床，不仅疗效可靠，且无毒副作用，是理想的杀虫消疳食品。

（4）驻颜美容。椰子水含糖类、脂肪、蛋白质、生长激素、维生素和大量人体必需的微量元素，经常饮用，能益人气力，补充细胞内液，扩充血容量，滋润皮肤，具有驻颜美容作用。

值得注意的是，凡大便清泄者忌食椰肉。椰子水性偏温热，不宜过量饮用。病毒性肝炎、脂肪肝、支气管哮喘、高血压、胰腺炎和糖尿病等患者也忌食椰子。

海南以椰子为题材的文化创作也不断涌现，海南文昌本地画家邢木郎老先生一生以椰子为主题创作国画，其国画作品多次获得全国大奖。其中，他的代表长卷画《椰乡如此多娇》曾荣获《中国当代名家书画选集》佳作奖。他开办邢木郎画室教授学生上千名，国画作品名扬海内外。

第二节　椰子传说

一、关于椰子来历的传说

关于椰子的来历海南民间有很多传说，笔者总结主要有"越王说""爱情说"和"龙王说"等说法。

1. 越王说

"越王说"：民间相传，古时有一位越王，骁勇善战，深受族人爱戴。有一次征战凯旋，举行祝捷仪式，全部落沉浸在胜利的狂喜之中。邻近敌部林邑王收买了越王部下，叛徒趁机行刺并砍下了醉酒的越王首级，将首级挂在一棵小树上。越王死后，其头被高悬在树上，后来就变成了椰子。那棵小树一夜之间长高了四五丈，头颅变成了坚硬的椰果，头发变成了华盖般的叶羽，旗杆变成了伟岸挺拔的椰子树干。敌人被吓得不战而退。为了纪念越王，乡亲们把椰树种在房前屋后，代代相传，椰树遍布了整个海岛（刘梦晓，2023）。后人推测越王应该就是海南黎族先民的首领，世界第一部区域植物志晋嵇含（263—306年）的《南方草木状》关于"椰子"的记述与民间传说一致，《南方草木状》中是这样记载的："昔林邑王与越王有故怨，遣侠客刺得其首，悬之于树，俄化为椰子。林邑王愤之，命剖以为饮器。南人至今效之。当刺时，越王大醉，故其浆犹如酒云。"椰子和黎族人的关系还有其他一些传说，关于椰子的另一个传说也发生在黎族部落中。很久以前，有位黎族青年首领英勇无敌且体谅百姓疾苦，为大家做了很多惩恶扬善的好事，受到人民的拥戴。而一个为非作歹、欺民霸道的强盗团伙对他的行为恨之入骨，企图置他于死地，便买通他的一个手下，暗害了他，并把他的头悬挂于树上。这些强盗正在树下欢呼庆祝之时，未曾想到惊人的一幕发生了：

青年的头颅变成了椰子果,这些椰子越长越多,片刻后就把那些强盗都砸死了。从这些故事中不难看出,椰子树对于黎族人民一直是一种信仰的存在。

2. 爱情说

"爱情说":很久以前,有一对恩爱的年轻夫妻。一天,丈夫出海打鱼,妻子送饭到海边。她踮足引颈盼夫归来,但丈夫终未回来。天长日久,她伤心至极,遂化成一株亭亭玉立的椰子树。据说,椰子树顶上的叶翼就是当年那女人头上戴的草帽。

3. 龙王说

"龙王说":传说古代大陆有一位精通医术的方士名叫木耶,驾船到海上去寻找仙山,不巧遇上大风浪,眼看船就要被巨浪打翻,南海观音突然点拨一条黑龙,把木耶救起到一座孤岛。此岛地处天边,四季交替无序,瘟疫丛生,水患连年,民不聊生。南海观音不忍见岛上瘟疫横行,黑龙为患,就用玉瓶水浇在龙头上,只见黑龙瞬间化为一棵高树,大大的叶子,上面结满了奇怪的果实。南海观音命木耶在岛上治病救人,特赐的神水就藏在仙树的果实之中,喝下神水的百姓果然不久就痊愈了,木耶从此得到百姓的爱戴。后来木耶命百姓采摘仙树果实,置于土地中。由于岛上气候四季如春,没过几年便仙树成林,说也奇怪,此后岛上人人长寿,可能是饮用神水之故。后人为纪念木耶,便把"木"和"耶"二字合并一字为"椰"字,仙树取名为"椰子",果实也称作椰子。椰子本是黑龙的化身,椰果又生有两眼一嘴,所以又叫作龙王头;椰壳被称为龙王骨,椰木为龙身。

4. 木耶说

另一个版本的传说是讲述古代有一名士唤作"木耶",他在御舟寻找仙山时意外遭遇海上的风浪,阴差阳错地流落到了一座风景秀美的岛屿之上,不过这里却是人烟稀少,木耶名士经过一番打听才知道这岛上有恶龙出没,带来的黑雾笼罩在岛屿上空令这里瘟疫肆虐,人们哀鸿遍野,木耶决定拯救这里的人们,他在树林里寻觅恶龙时从头顶掉下了一颗毛茸茸的棕色果实，这东西不仅没有摔碎还掷地有声，于是木耶便采集了许多这种果子，等到黑龙出没的时候，砸向它，那黑龙被砸中之后果然受了重伤，逃之夭夭再也不敢进犯。木耶又发现这果子中的汁水清甜，便给病重的人们饮用，不出几日，大家的身体都恢复如初。而在此时，木耶也得道成仙了。人们为了感谢他，便把这种果子称为"椰子"，木耶因这岛屿位于海的南边，遂赐名"海南岛"。

5. 印度传说

印度民间关于椰子的传说与中国极其相似。相传，伊克什瓦库（Ikshvaku）王朝的国王帝胜伽（Trishanku）的愿望是升天做神仙，众友仙人（Vishvamitra）听到了他的虔诚祈祷，决定帮助他实现愿望。在帝胜伽升天到天门的时候，被众神之王因陀罗看见了。因陀罗大怒，一把抓住他，将他向下摔去。众友仙人看到帝胜伽往下掉，大喊："让帝胜伽留在他现在所在的地方！"由于因陀罗不让他升天，众友仙人不让他下来，帝胜伽便悬浮在了天地之间。为了不让帝胜伽掉下来，众友仙人用一根长杆撑住了帝胜伽。这根长杆最终变成了一棵椰子树，帝胜伽的头变成了椰子果。椰子果外皮的纤维是帝胜伽的胡须，去掉这些纤维后，你会看到他的眼睛在盯着你看（Johnson, 1921; Roosman, 1970）。而在喀拉拉邦，女神博伽瓦蒂被认为是椰子树的灵魂。她有一个常用绰号叫"Kurumba"，意思是"娇嫩的椰子"。

二、椰子在生活中的传说

"椰子是有灵气的植物"。俗话说，椰子怕鬼。在荒无人烟的地方，椰子是不结果实的，即使有果实也是营养不良的残果。人越多的地方，椰子树长得越好，结的果实也越多，水更甜，肉更厚。房前屋后的椰子比远郊的椰子永远都长得更好，结的果实也多。

"新婚椰"：古时男女双方订婚出庚帖时，女方要送两株椰苗，名曰"订婚椰"。结婚时，女方便把椰苗当陪嫁。婚后第三天，新郎、新娘双双种下两株"新婚椰"，寓意婚姻美满、早生贵子、家庭幸福、健康快乐、百年偕老。

"满月椰"：生子满月了，外婆家就会给外孙送来两株长势茂盛的椰苗。这就是所谓的"满月椰""出月椰"或"弥月椰"。寓意孩子茁壮成长，日后成为有益于国家、民族和社会的"栋梁之材"。

"救命椰"：传说在战争年代，药品匮乏，战士们用椰子水当成注射液，因为椰子水被称为"天水"，是纯天然无污染的，对身体恢复很有帮助。

第三节　椰树精神

人们欣赏、讴歌椰树，不仅仅是因为它独立不迁、挺拔向上的优美姿态，更在于从其身上看到了一种品质、品格和境界。椰树对生长环境要求不高，既不必多浇水，也不必多施肥，就能扎根土壤，长到数丈之高，守护一方水土。即使椰子树被台风吹倒，它也能从树干顶端重新直立生长起来（图5-14、图5-15）。椰树浑身是宝，树干可作栋梁，树根能够入药，果肉果汁甘甜可口，果壳可以雕刻成工艺品。尤为可贵的是，椰树不惧风雨，任凭狂风骤雨，依然昂首挺立；一年到头生生不息，果实摘了又长，却不计较、不索取。"扎根守土、坚韧不拔、无私奉献"，是对椰树的由衷礼赞，也是对椰树精神的最好概括。

海南自贸港建设过程中，各界领导以椰树精神要求自己，也倡导各行各业的人们发挥椰树精神，加快建设海南自贸港。例如2019年12月23日召开的海南省委经济工作会议强调，要发扬敢闯敢试、敢为人先、埋头苦干的特区精神和扎根守土、坚韧不拔、无私奉献的椰树精神。在2019年12月24日召开的海南省第七次劳动模范和先进工作者表彰大会上，海南省委书记勉励受到表彰的劳动模范和先进工作者，要不忘初心、牢记使命，珍惜

图 5-14 彰显"椰树精神"的椰子树

图 5-15 倒地的椰子树依然可以从树干中央重新站起来直立生长

荣誉、再接再厉,以自身的模范行动诠释劳模精神、特区精神、椰树精神,引导和鼓舞全省广大劳动者奋勇争先当表率、立足岗位作贡献，在海南自由贸易港建设中再立新功、再创佳绩。两次重要会议都着重强调发扬椰树精神，寓意深远。

第四节 椰子文物

关于椰雕制品的历史记载，最早出现在唐宣宗元年（847年）。宋代大文豪苏东坡、黄庭坚也曾对此留有文字记载，"自漉疏巾邀醉客，更将空壳付冠师"。明清时期，海南椰雕达到了更高的水平，享有"天南贡品"之称。民国时期，椰雕对外出口，深受南洋群岛和欧洲各国的喜爱。后期由于社会动荡战乱不停，海南椰雕经历了一段沉寂期。直到中华人民共和国成立后，才恢复生机，继而再次发展，现在海南椰雕文化展览馆收藏了一批椰雕产品以及明清时期的椰壳产品、用具等（图5-16、图5-17）。此后，椰雕工艺不断推陈出新，但是同时也面临一些困境。

海南椰雕可追溯至唐宣宗大中元年（847年）。清代李调元在《粤东笔记》记载：李德裕谪居海南崖州时，将椰壳制成瓢、勺、碗、杯作为吃喝用具。还记载椰子"岭水分争路转迷，桄榔椰叶暗蛮溪"。据唐代刘恂《岭表录异》记载："椰子树，亦类海……有圆如卵者，即截开一头，沙石磨之，去其皱皮，其斑斓锦文，以白金装之，以为水罐子，珍奇可爱"。可见椰子壳

图5-16 海南椰雕文化展览馆收藏的古代椰雕产品

图 5-17 精美的椰雕产品

在很久之前就进入了人们的生活视野。唐代诗人陆龟蒙（810—881 年）在《甫里集·和袭美寄琼州杨舍人》中更有"酒满椰杯消毒雾，风随蕉扇下泷船"的诗句。可见椰壳消毒避瘴，制成日用品至少有 1 100 多年历史。宋代，雕刻后的椰碗、椰杯、椰壶已流行在士大夫的宴席上了。据明代唐胄撰写的《正德琼台志》记载：北宋绍圣四年（1097 年），苏东坡谪居海南时，曾拿椰子壳请当地艺人雕成椰雕帽，谓之"椰子冠"。在其创作的《椰子冠》中有"自漉疏巾邀醉客，更将空壳付冠师"的诗句。后来被流贬海南万安郡（今万宁市）的南宋抗金名臣李纲（1083—1140年），在到达海南后写有《南渡次琼管二首》："黎户花缦服，儒生椰子冠。槟榔资一醉，吉贝不知寒。"海南异域风情跃然纸上。可见当时的椰雕技艺已达到相当高的水平。明清时代的椰雕工艺品如茶杯、茶具和茶壶等也比较精美（图 5-18）。

清代刻花锡包椰子壳茶杯

清代椰壳状元壶　　　　　　清代椰子壳包锡茶壶锡套壶（酒壶）

明清椰子碗　　　　　　　　明清椰子碗

清代椰子壳包锡茶壶锡套壶（酒壶）　　　清代刻花锡包椰子壳茶杯

图 5-18　明清时期的椰雕工艺品

明清两代，海南椰雕常被官吏作为珍品进贡朝廷。在清宫大宴乳茶碗的资料中，也发现了有关椰雕的记载。椰子银里碗古朴而轻巧，是清代宫廷中为数不多的乳茶碗，皇帝不仅在中小型宴席上用它，就是平素饮乳茶时它也是首选的饮具。清雍正时期，椰壳雕器物的造型、纹饰及雕刻的技法已较精湛。至清末时期，用椰雕作为礼品、用品，已较平常了。据海口市档案馆提供的资料：抗日战争前，海南椰雕已畅销南洋群岛和欧洲各国。当时，椰雕生产的艺人有百余人，年产量高达两万多件，其中一万多件出口外销。抗战爆发后，艺人流离失所，在海南岛内也只是惨淡经营，中华人民共和国成立后椰雕才获得新生。20 世纪 70 年代，人们创新了椰雕工艺，生产了椰棕工艺品。改革开放后，海南椰雕逐渐进入一段较为辉煌时期（王静等，2009；周泉根等，2011；肖东发等，2015）。

进入现代，椰壳依然备受人们的青睐。20 世纪 80 年代，海南结婚曾流行用椰壳雕刻描红做成的茶叶罐作为嫁妆（图 5-19）。

图 5-19　椰壳茶叶罐

现在海南多用椰壳磨成片状,涂上丰富的颜色后串成手链、项链或者包包售卖。厚度在 5 毫米以下的椰壳还被加工成工艺品或椰壳活性炭,厚度 5 毫米以上的椰壳极为稀少,被用来磨圆珠或隔片制作手串,椰壳越厚价格越高。

第五节　椰子建筑

1. 菲律宾椰子建筑

在菲律宾首都马尼拉市填海造地的新城区,有一座风格独特的用椰子树建造的大厦——椰子宫(Coconut Palace),人称"椰子博物馆"。椰子宫建于 1981 年 1 月,椰子宫是菲律宾总统夫人伊梅尔达的一项工程。当得知教皇约翰·保罗二世准备出访菲律宾后,她下令修建了这个庞大的宫殿。椰子宫坐落在马尼拉国际会议中心附近的椰树丛中,面对马尼拉湾,是一座两层楼高、六角形蜿蜒展开的菲律宾式建筑,也是一座引人入胜的艺术品。大厦及其周围的绿化区共占地 8 000 多平方米。体验"菲一般的心情",一定要去椰子宫。这座宫殿极好地显示了菲律宾人在建筑方面的才能和独创性。70% 以上的建筑材料取自椰子树。每年旅游旺季,这里都有来自椰林种植场的工人做表演。他们徒手爬上椰子宫周围高大的椰树,摘下椰子,用刀砍开,倒出椰汁,请在场的游人免费品尝。

椰子宫向世人展示了菲律宾的神奇工艺。椰子宫的工程浩大,共使用了 2 000 棵树龄在 70 岁以上的椰子树。房顶用的是椰木板,柱子用的是椰子树干,墙壁是用椰子壳上毛纤维与水泥制成的"椰子砖",大门上镶嵌着由4 000多块椰壳组成的几何形图案。宫内的椰子制品不计其数。椰子宫的六角形褐色屋顶是用椰子板做的,粗大的支柱是用椰树干做的,墙壁则是用椰子毛壳的纤维混合水泥制成的椰砖砌成的。入口处大厅的巨大吊灯是由100多片经过精心雕刻的椰壳制成。餐厅里有一张餐桌,上面居然镶嵌了约4.7万块不同形状的椰壳。宫中设置的许多形态各异、造型优美的台灯、吊灯,也全用椰壳做成。宫内还有用椰子树各部分做成的地毯、家具和各式工艺品,琳琅满目,美不胜收。最绝妙的展品是一个高达2米的大型落地座钟,从钟身、钟面的数字到指针全都用椰子树及椰子壳制成,而且这个独特的"椰钟"走时准确,每到正点时,还会敲响报时,游人可以听出那是敲击椰壳发出的清脆声音。如今,椰子宫是菲律宾最著名的结婚圣地,让椰子之国的爱侣们享受来自椰子的祝福。

椰子宫是一座用椰树精心建成的建筑,十分奇特美丽。从建筑物的房顶、支柱到室内装饰,几乎全由椰树修建而成,既精致又环保,更不失一份独特韵味。椰子宫外,椰树环绕,绿草成茵,鸟语花香;再加上背靠风光旖旎的马尼拉湾,实足一个名副其实的海边花园。宫内房间里,由椰壳、椰树做成的吊灯、地毯、床、桌子等,十分精致漂亮,房内不时飘出的阵阵椰树香味,令人仿佛置身一个静谧的热带园林中。

2. 加勒比海椰子建筑

还有一座纯椰子树建造房子,位于加勒比海中心地带的圣安德烈斯岛(由哥伦比亚托管)(图5-20)。

3. 塞舌尔椰子建筑

在塞舌尔拉迪格岛上有一处以椰子为题材的建筑,这所房子是传统的"格兰卡兹"风格(图5-21)。基本上是殖民地风格的种植园房子。建于1800年塞舌尔大农业经济时期。建筑的结构充分考虑了自然降温。采用几层压缩在一起的棕榈叶覆盖

图 5-20　加勒比海圣安德烈斯岛纯椰子树建造的房子（由哥伦比亚托管）

图 5-21　塞舌尔椰子宫

屋顶，所以很耐用。既可以避雨又可以吸收太阳热量。采用椰子木做的宽大的门和窗，通风良好，房子建设在石柱上。塞舌尔前总统阿尔伯特·雷内和现任总统丹尼·福雷都将它作为采访室用。至今，它仍然是塞舌尔遗产基金会精心照料的一座纪念馆。

4. 中国椰子建筑

在海南文昌中国热带农业科学院椰子研究所核心种质圃中建有以椰子为题材的椰子阁（图5-22）。其中柱子是椰子树干，横梁是椰子木，房顶上是椰子叶片，椰子阁内的一面墙用5 623个椰子壳制作而成。

图5-22　椰子研究所的椰子阁

第六节　椰林景观

椰子在热带国家形成了一道独特的椰林景观文化。随处可见的树影婆娑的椰树，不仅作为行道树给人特殊的视觉享受（图 5-23、图 5-24），在海边更是形成了椰风海韵的浪漫风景线（图 5-25）。不仅如此，许多传统的节日和庆典都会与椰林有关，例如泼水节、婚礼和庆祝活动。甚至许多电影和文学作品也以椰林为背景。

在海南文昌的椰子大观园中搜集到许多特殊的棕榈种质资源，其中以椰子为首。而高矮、直弯、斜曲的各态椰树参差错落、朴然成林，俨然成为一道最美的风景，在这里收集了多胚椰子（图 5-26）和号称"椰仙"的多分叉、不结果的椰子（图 5-27）。

图 5-23　椰子作为行道树自成一道风景

图 5-24　椰林下的花海

图 5-25　椰风海韵

图 5-26　椰子大观园的多胚椰子

图 5-27　椰子大观园的"椰仙"

第七节　椰子邮票（图 5-28）

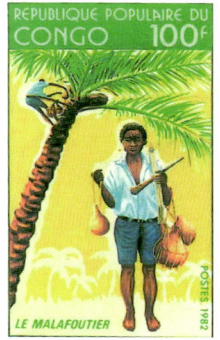

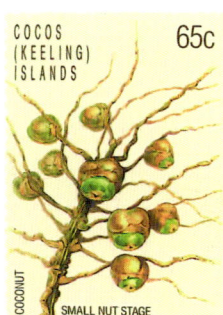

第五章 椰子文化

图 5-28 各国椰子邮票集锦

第八节 椰子诗词

1. 题椰子树

[唐]沈佺期

日南椰子树，香袅出风尘。
丛生调木首，圆实槟榔身。
玉房九霄露，碧叶四时春。
不及涂林果，移根随汉臣。

2. 小病两日而愈

[宋]陆游

病骨羸然山泽臞，故应行路笑形模。
记书身大似椰子，忍事瘿生如瓠壶。
美酒得钱犹可致，高人折简孰能呼？
不如净扫茅斋地，卧看微香起瓦炉。

3. 扪腹

[宋]陆游

身如椰子腹瓠壶，三亩荒园常荷锄。
著万卷书虽不足，容数百人还有余。

4. 晚过保福

[宋]陆游

堂静僧闲普请疏，炉红毡暖放参余。
莲花池上容投社，椰子身中悔著书。
茶试赵坡如泼乳，芋来犀浦可专车。
放翁一饱真无事，拟伴园头日把锄。

5. 末题

[宋] 陆游

一身只付鸡栖上,万卷真藏椰子中。
嘉定三年正月后,不知几度醉春风?

6. 岐王山亭

[唐] 张谔

王家傍绿池,春色正相宜。
岂有楼台好,兼看草树奇。
石榴天上叶,椰子日南枝。
出入千门里,年年乐未移。

7. 送莫仲节状元归省

[唐] 柳珪

青骢聚送谪仙人,南国荣亲不及君。
椰子味从今日近,鹧鸪声向旧山闻。
孤猿夜叫三湘月,匹马时侵五岭云。
想到故乡应腊过,药栏犹有异花薰。

8. 又六言二首其一

[宋] 刘克庄

韶颜譬槿花尔,枵腹仅椰子如。
不知作千年调,谁教盛万卷书。

9. 示同志

[宋] 刘克庄

旋入洛中新保社,稍增汾曲旧田庐。
市朝幸免髡钳我,尸祝何烦俎豆予。
静看芭蕉身不实,健忘椰子腹无书。

故人远致郫筒饷，待约邻翁共破除。

10. 怀曾景建二首
[宋]刘克庄

造物生才自昔难，此君夭矫类龙鸾。
圣贤本柄藏椰子，佛祖机锋寓棘端。
畴昔诸人多北面，暮年万里着南冠。
伤心海内交游尽，箧有遗书不忍看。

11. 灵石日长老拂衣退院连帅陆尚书比之石霜小诗
[宋]刘克庄

我结小庵犹舴艋，师抛大刹似藘庐。
菩提身外更无物，椰子腹中惟有书。
不踏一芦堪去矣，许分半芋竟何如。
元来又被寒翁引，径指坟山作退居。

12. 赵雪崧有偶遗忘问稚存辄得原委一诗，师其
[当代]钱钟书

开卷愁无记事珠，君心椰子绰犹馀。
示人高枕卧游录，作我下帷行秘书。
不醉谬多宁可恕，善忘老至复何如。
赠诗僭长惭颜厚，为谢更生解起予。

13. 示化士
[宋]释慧远

身如椰子胆如天，喝道来参栗棘禅。
按下云头轻领过，口皮元只在唇边。

14. 答及甫和（摘录）

[宋]洪咨夔

短窗箬叶蓬，浊酒椰子尊。
肯来共吸鲸，有味过解鼍。

15. 以椰子香炉花瓶为大人寿

[宋]项安世

石湖居士虞衡志，椰子之身本棕类。
叶间各结三四子，大者能容五升器。
初如青缬美少年，渐久渐黄坚且致。
有穰如玉汁如乳，味如春醑饮辄醉。
翻愚老工巧心数，能制瓶炉出新意。
尽力揩摩发光彩，一月工夫成一枝。
二瓶可花炉可香，中有千蛊万蛊味。
笺封囊裹送大人，伴以银奁古心字。
四君俱自南天来，一老新沾北辰赐。
金章紫绶照乡闾，玉色冰神明听视。
天上煌煌列宿光，人间赫赫真郎贵。
人言书自武昌来，知是吾儿寿诗至。
儿供椰果劝椰杯，花露香风俱酒气。
殷勤更作椰子诗，甲子中间一年岁。

16. 送李邕州（摘录）

[宋]项安世

桃椰之粉白于面，椰子之泉甘胜蜜。
妇能沦饼儿啖果，翁自右浮还左执。

17. 送翰林王孟旸参将安南

[明] 王璲

暂辍含香直晓班,新参将阃出平蛮。
黄茅绿树千重岭,瘴雨蛮云几处关。
去马正逢椰子熟,归旌定及荔枝斑。
知卿素有雄豪笔,须勒神功镇海山。

18. 李巽岩四望楼(摘录)

[宋] 员兴宗

彼腹椰子大,千卷贮亦曾。
体作黄冠朴,言乃水云僧。

19. 送人之雷州

[明] 沈一贯

庾岭去犹赊,居黎半离华。
山藏椰子树,溪落蒟苗花。
望月应千嶂,窥天自一涯。
微官是何物,秋雨送征车。

20. 送化士(摘录)

[宋] 释慧空

洞山身如椰子大,不畜粒米与茎菜。
无人烟处门打开,接待方来也奇怪。

21. 矮道者

[宋] 释绍昙

身如椰子口宏开,看尽诸方鬼戏来。
放一头低人不识,疏山师叔是同胎。

22. 病中谢三山问讯（摘录）

[宋] 李石

此间地步窄，椰子包山丘。
三山妙僧杰，道眼宽处求。

23. 送母丘秀才自黔中归益川

[宋] 宋无

黔南万里地，剑外去宁观。
蜀魄花成血，山魈树隐身。
竹枝歌峡夜，椰子醉兹春。
归访王孙宅，弹琴有故人。

24. 五羊中秋热未艾

[宋] 曾丰

火气之余金气乘，岭南寒暑独无凭。
虽非卤地亦卑温，不必梅天皆郁蒸。
椰子簟凉肤起粟，荔枝膏冷齿生冰。
休言恶地欠霜雪，似为贫家省絮缯。

25. 南剑州伏虎岩请师开山请赞

[宋] 释慧开

个样村僧，也甚奇怪。
身如椰子，胆似天大。
蟒蛇窟里安禅，猛虎穴中扎寨。
无端于微尘国里，转大法轮，声大法鼓。
却向刀山剑树上，成等正觉，弄者一解。

26. 送秘书监丞张受还都傚山谷体

〔宋〕方回

君家所有吾弗如,价估万金犹有余。
科斗字前古彝器,椰子腹中行秘书。
楚吴闽粤吏狼虎,淮浙海江民鳖鱼。
归阙一言动天听,生灵百万免沦胥。

27. 寄题张受益会清堂(摘录)

〔宋〕方回

譬若椰子腹,中有万卷储。
何必西域贾,剖股藏明珠。
矢诗说解悟,指天撮空虚。
何如登君堂,啸傲倾觥壶。

28. 赠方童子(摘录)

〔宋〕方回

我年五十九,门弧子垂左。
我今年七十,见子双髻髽。
腹仅椰子大,贮书一何夥。
疾读建瓴水,响应炙车辇。

29. 为张都目益题爪哇王后将相图(摘录)

〔宋〕方回

梢工满载槟榔果,征夫烂醉椰子酒。
生金铜钱暨百宝,搜山讨掳恣意取。

30. 大安院

〔宋〕陈延龄

诗人假榻古兰若,松风涧水相泠泠。

优婆塞倾椰子酒，须菩提讲莲花经。
龙形老树雨知翠，佛头高山云见青。
借问仙人渺何许，飞升一去三千龄。

31. 南乡子·山果熟

［五代］李珣

山果熟，水花香，家家风景有池塘。
木兰舟上珠帘卷，歌声远，椰子酒倾鹦鹉盏。

32. 以椰子茶瓶寄德孺二首 其一

［宋］黄庭坚

硕果寰林梢，可以代悬匏。
携持二十年，煮茗当酒肴。
我今御魑魅，学打衲僧包。
聊持坚重器，遗我金石交。

33. 以椰子茶瓶寄德孺二首 其二

［宋］黄庭坚

炎丘椰木实，入用随茗椀。
譬如楛矢砮，但贵从来远。
往时万里物，今在篱落间。
知公一拂拭，想我瘴雾颜。

34. 以椰子小冠送子予

［宋］黄庭坚

浆成乳酒醺人醉，肉截鹅肪上客盘。
有核如匏可雕琢，道装宜作玉人冠。

35. 赋椰子吸月杯

［宋］连文凤

壳似悬匏护玉房，谁人剖玉注天浆。
有时吞却杯中兔，带得长生药气香。

36. 椰子

［宋］赵升之

落蒂累累入海航，枯皮犹吐绿芽长。
金丝发裹乌龙脑，白兔脂凝碧玉浆。
未许分瓢饮醽醁，且堪切肉配槟榔。
当时曾挂将军首，此说荒唐未可量。

37. 次韵子由三首 其三 椰子冠

［宋］苏轼

天教日饮欲全丝，美酒生林不待仪。
自漉疏巾邀醉客，更将空壳付冠师。
规模简古人争看，簪导轻安发不知。
更著短檐高屋帽，东坡何事不违时。

38. 次韵景实椰子诗

［宋］吕本中

旧传椰实来琼州，珍如楚萍出中流。
双帆入桨严护送，海若亦恐贻神羞。
当时荔子宠妃子，一日红尘归帝里。
弃捐硕果□不食，正音铿锵不入耳。
勿嗤魂礧老瓠壶，中含琼浆碧琳腴。
圣门貌取失子羽，底事端可铭璠玙。
新诗应欲泄感意，更复夸谈作真赐。
阅人如此慎勿欺，我□与君谙世事。

39. 椰子酒檟

[宋]张孝祥

矮胡生南方，托家碧山崖。
采择供贡篚，扶持上天街。
愧此愿悫姿，欲售久未谐。
道傍曲先生，风味故自佳。
逢渠即倾盖，输写能开怀。
刮削出光彩，规绳去敲□。
金玉岂足贵，胶漆真吾侪。
客来有嘉招，二士往必偕。
婆娑止坐隅，供馈烦金钗。
矮胡虽木强，醇德真无涯。
虚心实其腹，居然外形骸。
微物幸见用，弃置理则乖。
毛颖有封国，陶匏荐钦柴。
大药起世痾，炮燔及根荄。
愿子自洗濯，勿受尘埃埋。
暇日肯相从，醉经坐高斋。

40. 三月三日与杨铁崖饮于书画舫，侍姬素云行椰子酒，遂成联句

[元]顾瑛

龙门上客下骢马，洛浦佳人上水帘。
玛瑙瓶中椰蜜酒，赤瑛盘内水晶盐。
晴云带雨沾香靤，凉吹飞花脱帽檐。
宝带围腰星万点，黄柑传指玉双尖。
平分好句才无劣，百罚深杯令不厌。
书出拨灯侵茧帖，诗成夺锦斗香奁。
臂韝条脱初擎研，袍袖弓弯屡拂髯。

期似梭星秋易隔,愁如锦水夜重添。
劝君更覆金莲掌,莫放春情似漆黏。

41. 椰子冠

〔宋〕苏过

玉佩犀簪暗网丝,黄冠今习野人仪。
著书岂独穷周叟,说偈还应见祖师。
棕子偶从遗物得,竹皮同使后人知。
平生冠冕非吾意,不为飞鸢跕堕时。

42. 椰子

〔明〕王佐

累累青子压秋房,千尺高株挂碧苍。
清庙周罍云捧得,渑池秦缶化陶将。
涵濡璞玉精英嫩,美满金茎滴露香。
欲和金茎餐玉屑,茂陵曾有寿生方。

43. 许宗显椰子杯歌

〔明〕王恭

君家一双椰子杯,远从交广带将回。
剖开瘴水蛮烟腹,割断玄霜玉露胎。
乌梨木柄银鋾口,若比匏尊应更厚。
莲房半侧碧筒深,中有黄流汎郁金。
最怜竹里泉中洗,不厌松边石上斟。
人言此杯能辟蛊,倾银注玉空论富。
少陵未许称木瓢,谪仙且莫夸鹦鹉。
山人心爱口不言,肯遗还山酌白云。
君不见丰城双宝剑,当年知己亦平分。

44. 李献甫于南海魏侍郎得椰子见遗

[宋] 梅尧臣

魏公番禺归,逢子芜江口。
赠以越王头,还同月支首。
割鲜为饮器,津浆若美酒。
我独愧先生,馈致崇师友。
应知愈饥渴,况是怀思久。

45. 咏椰子树

[现代] 郭沫若

独立无枝挺碧空,一头凤尾啸熏风。
成林竟作撑天柱,坠地浑疑掷弹筒。

46. 椰子

[清] 郭象升

夕阳村外几株斜,结子年来倍有加。
莫把寻常花柳看,海南是树亦桑麻。

47. 椰林挺秀

[明] 丘濬

千树椰椰食素封,穹林遥望碧重重。
腾空直上龙腰细,映日轻摇凤尾松。
山雨来时青霭合,火云张处翠荫浓。
醉来笑吸琼浆味,不数仙家五粒松。

48. 题徐方外捕盗应梦图 其二

[元] 卢琦

钓龙台下解舟去,大庾岭头驰马过。
驿路云生椰子树,江城月满鳄鱼波。

青山是处题诗遍，绿野从今买犊多。
客里送秋仍送客，潇潇秋雨奈愁何。

49. 谪岭南道中作
　　　　[唐] 李德裕
岭水争分路转迷，桄榔椰叶暗蛮溪。
愁冲毒雾逢蛇草，畏落沙虫避燕泥。
五月畲田收火米，三更津吏报潮鸡。
不堪肠断思乡处，红槿花中越鸟啼。

西洋番国志

1. 巩珍（明），诸番国名
　　……富家多种椰子或千株或二三百株以此为产业云椰有十用：嫩者有浆可饮，又可酿酒，老者肉可打油或做糖与饭，其外皮穰可打索造舡，壳可为碗为酒盏又可烧灰厢金银细巧生活，树可架屋，叶可盖屋，此十用也蔬菜有萝卜、姜、芥、葱、蒜、芫荽、葫芦、茄子、菜瓜、东瓜四时皆有，又有一种小瓜仅如小指……

2. 岭外代答卷二　周去非（宋）
　　……居处皆栅屋土产名香、槟榔、椰子、小马、翠羽、黄蜡、苏木、吉贝之属，四州军征商，以为岁计，商贾多贩牛以易香，黎装椎髻、徒跣、裸袒，而腰缭吉贝，首珥银钗，或铜或锡，首或以绛帛……

3. 卷二十六·谈异七
　　糖树、酒树。酒树实如椰子，剖之皆酒，色莹白而甘，能醉人。糖树细叶而柔干，以刀刺其本，汁涓涓不绝，经一昼夜始止……

4. 岭表录异

不让湘中人镂木瓜也。椰子树，亦类海棕，结椰子大如瓯杯，外有粗皮如大腹，次有硬壳，圆而且坚，厚二三分。有圆如卵者……

5. 蛮书

荔枝、槟榔、诃黎勒、椰子、桄榔等诸树，永昌、丽水、长傍、甘橘大厘城有之，其味甚酸。穹赕有橘大如覆…

6. 宋史卷二百四十八

凡木似棕榈者有五：枕榔、槟榔、椰子、虁头、桃竹是也。槟榔之实，可施药物；虁之叶，可以盖屋；桃竹可以为杖；椰子可以为果蔬……

7. 晋书列传第二十五章

果实有莲、甘蔗、蕉子、椰子。鸟兽多孔雀、犀牛。畜产多黄牛、水牛而无驴；亦有山牛，不任耕犁，但杀以祭鬼，将杀，令巫。

商丘之果，汉皋之櫄，析龙眼之房，剖椰子之壳。芳旨万选，承意代奏。乃有荆南乌程、豫北竹叶，浮蚁星沸，飞华萍接，玄石尝其味，仪氏……

椰子文化参考文献

蔡坤，龙映均，刘四新，等，2012.响应面分析法优化干椰纤果制备工艺 [J].食品科学，33（8）：131-136.

陈华，赵松林，张木炎，等，2007.椰子花序汁液资源的开发利用 [J].中国热带农业，2：36-37.

陈豪军，李和帅，周全光，等，2011.广西、广东椰子种质资源调查 [J].中国热带农业，6：48-50.

陈思婷，覃伟权，刘立云，等，2008.椰园养鸡对椰园生态及其经济效益的影响 [J].热带农业科学，24（12）：480-484.

陈卫军，赵松林，王永，等，2013.椰子产业发展关键技术 [M].北京：中国农业出版社.

陈鑫沛，董颖，杨浩铎，等，2022.冷压初榨椰子油对四氯化碳致小鼠急性肝损伤的保护作用 [J].中国油脂，47（04）：77-80，86.

陈阳，魏静，梁倩，等，2022.焙烤时间对椰子油品质及氧化稳定性的影响 [J].中国粮油学报（11）：164-168.

代圣超，2021.椰子油催化裂解制备生物燃料及其燃烧特性研究 [D].镇江：江苏大学.

邓福明，赵瑞洁，王媛媛，等，2018.椰子水贮藏保鲜和加工技术研究进展 [J].热带作物学报，39（10）：2101-2111.

邓宝华，刘保兴，赵闯营，等．2022.天然椰子水及其新型营养饮品开发研究进展 [J].中国果菜，42（6）：26-31.

范海阔，李静，吴翼，等，2019."一带一路"热带国家椰子共享品种与技术 [M].北京：中国农业科学技术出版社.

符芳芬，陈贻设，2014.海南椰子产品营销之SWOT分析—以文昌市春光食品有限公司椰子产品为例［J］.海南广播电视大学学报,4：80-84.
符史钦,2018-11-09.一种以文昌鸡为原料的椰子鸡及其制作方法：CN108771141A［P］.
郭帅,李艳,2018.椰子活性蛋白与功能肽的研究进展［J］.食品科技,43（5）：67-71,76.
胡志勇,郜佳雁,周慧君,等,2015.椰子植物酸奶发酵工艺［J］.食品与发酵工业,41（12）：135-138.
黄乙岗,2022-05-17.一种椰子天然产物提取制备椰蓉工艺方法.海南省：CN114504087A［P］.
蔺志颖,张博文,李佳,2019.响应面法优化椰浆蛋白发酵饮料发酵工艺［J］.中国酿造,38（5）：210-214.
雷文平,周辉,吴坤,等,2020.发酵椰子布丁工艺条件优化及特征风味成分分析［J］.保鲜与加工,20（5）：8.
李春晖,周敏,2021.在家做糖水！［J］.美食（9）：19-24.
李静,王仁才,杨耀东,等,2017.椰子萌发过程中吸器内含物的变化规律［J］.南方农业学报,48（12）：2163-2168.
李静,吴翼,杨耀东,等,2019.不同成熟度椰子胚乳糖酸组分变化规律［J］.西南农业学报,32（6）：1267-1272.
李瑞,李枚秋,夏秋瑜,等,2007.原生态椰子油的功能性质及应用［J］.中国油脂,32（10）：10-13.
李瑞,夏秋瑜,张永凤,等,2008.椰子花序汁液饮料工艺的研究［J］.中国酿造,23：102-105.
李瑞,夏秋瑜,李枚秋,等,2009.椰子水饮料的制备工艺［J］.热带作物学报,30（7）：1039-1043.
李成龙,熊泽,2019.煤质活性炭与椰壳活性炭对漂白废水的吸附性能研究［J］.化学与生物工程,36（2）：51-54,61.
娄晓琪,季燕京,2020.椰香米糕 糯米与椰浆的曼妙融合［J］.文明,（Z1）：114-115.
李新菊,辛波,陈卫军,等,2009.椰花醋的抗氧化活性［J］.热带作物学报，30（7）：1031-1034.

李新菊，陈华，赵松林．2001.海南发展椰衣栽培基质加工业的前景分析［J］.热带农业科学，（05）：37-39，49.

林小秋，2021.香蕉椰子牛奶饮品复原工艺和配方组成研究［J］.饮料工业，24（6）：43-48.

刘梦晓，2023.看鉴海南｜海南独特的椰文化、椰经济——摇椰生姿［N］.海南日报，1（30）.

刘莹莹，卢丽兰，谢淑云，等，2023.间作菠萝模式下不同品种椰子根际土壤微生物多样性及群落结构特征［J］.中国南方果树，52（3）：84-93.

刘许霖，2022.间作柱花草作绿肥对椰子园土壤肥力的影响［D］.大庆：黑龙江八一农垦大学.

齐琪，魏立民，赵桂苹，等，2023.椰子粕对文昌鸡生长性能、屠宰性能和肉品质的影响［J］.动物营养学报，35（4）：2241-2250.

孙远征，巴根纳，赵六永，等，2013.香蕉椰子乳饮品的研制［J］.中国乳业（6）：66-68.

王静，王雄，2009.海南省非物质文化遗产介绍（11）-海南椰雕［J］.新东方（6）.

王萍，2007.嫩果椰子水的营养成分及其开发利用［J］.现代农业科，17：7-8，10.

王萍，2007.印度培育出抗旱性椰子杂交新品种［J］.世界热带农业信息（9）：1.

王萍，刘立云，李艳，等．2013.不同品种椰子液体胚乳发育过程中K、Ca、Na、Mg元素变化规律［J］.热带作物学报，34（09）：1730-1736.

王玉平，王晓樱，陈怡采访，椰雕，2021.这辈子我都迷恋着［N］，光明日报，11（2）：1.

王永吉，2013.海南人大批准椰子树黄花梨为省树三角梅为省花［N］.南海网，1（15）.

汪春燕，庄宜君，2021.海南椰雕艺术美学价值思考［J］.现代商贸工业，42（18）：3.

肖东发，刘超，2015. 滨海风光 琼州文化特色与形态［M］. 北京：现代出版社：107-112.

谢雨婷，郭振，马毛毛，等，2019. 响应面法提高植物乳酸菌和嗜酸乳杆菌发酵椰奶的活菌数［J］. 食品与发酵工业，45（7）：6.

辛波，陈卫军，夏秋瑜，等，2009. 金属离子对椰花汁清除超氧阴离子能力的影响［J］. 热带作物学报，30（8）：1069-1074.

辛波，陈卫军，夏秋瑜，等，2008. 新鲜和发酵椰花汁提取物的抗氧化性［J］. 热带作物学报，29（6）：710-714.

杨翰南，兰诗宇，2021. 植物蛋白发酵型椰浆饮料的研制［J］. 品牌与标准化（04）：85-88.

杨慧敏，周文化，李维敏，等，2013. 椰子水及其饮料中氨基酸组分分析［J］. 食品与机械，29（6）：63-66.

杨嘉宜，2019. 椰壳活性炭去除染料的应用研究［J］. 福建分析测试，28（1）：13-17.

郑亚军，陈卫军，2009. 天然椰子水的抗氧化活性［J］. 热带作物学报，30（2）：230-233.

张慧坚，2022. 世界与中国的椰子业［J］. 热带农业科学，22（3）：41-45，56.

赵晓明，宋菲，赵松林，等，2022. 功能性椰子植物酸奶的加工工艺及抗氧化活性研究［J］. 食品与发酵工业，48（11）：150-155.

周泉根，黄淑瑶，周洪晋，等，2011. 以海为量 以南为疆 海南历史文化旅游资源研究［M］，南海出版公司，70-71.

钟春燕，柳东，向东，等，2013. 椰纤果蜜饯的研制［J］. 轻工科技，29（8）：9-11，13.

Angelia M R N, Garcia R N, Caldo K M P, et al., 2010. Physicochemical and functional characterization of cocosin, the coconut 11S globulin [J]. Food Science and Technology Research, 16 (3): 225-232.

Antu MY, Maskromo I, Rindengan B, 2021. Potensi daging kelapa kopyor sebagai bahan pangan sehat/Potency of kopyor coconut meat as an ingredient of healthy food [J]. Perspektif, 19:95-104.

Anurag P, Rajamohan T, 2003. Beneficial effects of tender coconut water against isoproterenol induced toxicity on heart mitochondrial activities in rats [J]. Indian J Biochem Biophys, 40 (4): 278-280.

Awaluddin, 2024. and Anelda Pristika. The Effect of Young Coconut Water on Blood Pressure in Hypertensive Patients [J]. The Journal of the Pakistan Medical Association,74, 5 (Supple-5): S51-S54.

Babu AS, Veluswamy SK, Arena R, Guazzi M, Lavie CJ. 2014. Virgin coconut oil and its potential cardioprotective effects[J]. Postgrad Med. 126 (7):76-83.

Baudouin L, Lebrun P, 2002. The development of a microsatellite kit and dedicated software for use with coconuts [J]. Burotrop Bulletin, 66.

Baudouin L, Lebrun P, Berger A, et al., 2008. The Panama Tall and the Maypan hybrid coconut in Jamaica: Did genetic contamination cause a loss of resistance to Lethal Yellowing [J]? Euphytica, 161: 353-360.

Baudouin L, Lebrun P, 2009. Coconut (*Cocos nucifera* L.) DNA studies support the hypothesis of an ancient Austronesian migration from Southeast Asia to America [J]. Genet Resour Crop Evol, 56: 257-262.

Baudouin L, Gunn B F, Olsen K M, 2014. The presence of coconut in southern Panama in pre-Columbian times: clearing up the confusion [J]. Ann Bot, 113(1): 1-5.

Bellwood P, Fox J J, & Tryon D, 1995. (Eds.). The Austronesians. Canberra, Australia: Australian National University.

Blench P, 2007. New palaeozoological evidence for the settlement of Madagascar[J]. Azania, 42: 69-82.

Borin J F, Knight J, Holmes R P, Joshi S, Goldfarb DS, Loeb S. 2022. Plant-Based Milk Alternatives and Risk Factors for Kidney Stones and Chronic Kidney Disease[J]. J Ren Nutr. 32 (3): 363-365.

Burkill I H, 1919. Some notes on the pollination of flowers in the Botanical Garden, Singapore and other parts of Malay Peninsula. The Garden's Bulletin, 2.

Chan E, 1983. Progress in coconut breeding in United Plantations Bhd, Malaysia[J]. Oleagineaux, 38: 371-376.

Chikkasubbanna V, Jayaprasad K V, Thilak Subbaiah, et al., 2004. Effect of Maturity on the Chemical Composition of Tender Coconut (*Cocos nucifera* L. var. Arsikere Tall) Water [J]. Journal of the Seience of Food and Agriculture, 84 (9): 1049-1052.

Child R, 1974. Coconuts. 2ndEdition. Longman, London, UK. 216.

Conran, John G, Bannister, et al., 2015. An update of monocot macrofossil data from New Zealand and Australia. Botanical Journal of the Linnean Society. 178 (3): 394-420.

Cook O F, 1901. The origin and dispersal of the cocoa palm. Contributions of the US National Herbarium, 7: 257-293.

Copeland E B, 1931. The coconut (3rd ed.). London: Macmillan & Co.

COGENT, 2010. Conserved germplasm catalogue. Serdang, Selangor DE, Malaysia: Bioversity International, IPGRI -APO.

DebMandal M, Mandal S, 2011. Coconut (*Cocos nucifera* L.: Arecaceae): in health promotion and disease prevention [J]. Asian Pac J Trop Med, 4 (3): 241-247.

Divya P M, Roopa B S, Manusha C, et al., 2023. A concise review on oil extraction methods, nutritional and therapeutic role of coconut products [J]. J Food Sci Technol, 60 (2): 441-452.

Dransfield J, Uhl N W, Asmussen C B, et al., 2008. Genera palmarum. The evolution and classification of palms (GP II) [M]. Kew, UK: Kew Publishing, 732.

Endt D, Hayward B, 1997. Modern relatives of New Zealand's fossil coconuts from high altitude South America [M]. New Zealand Geological Society Newsletter, 113: 67-70.

Ertanto T, Widarso T D, Faradilla R F, et al., 2009. Development of fermented coconut milk (Cocogurt) as the potential of functional probiotic product rich in medium chain triglycerides (Section IX Food Engineering) [J]. Journal of Bioscience & Bioengineering, 108.

Fernando W M, Martins I J, Goozee K G, et al., 2015. The role of dietary coconut for the prevention and treatment of Alzheimer's disease: potential mechanisms of action [J]. Br J Nutr, 114 (1):1-14.

Foale M A, 2003. The Coconut Odyssey: the Bounteous Possibilities of the Tree of Life [J]. Monographs.

Gomez-Navarro C, Jaramillo C, Herrera F, et al., 2009. Palms (Arecaceae) from a Paleocene rainforest of northern Colombia [J]. Am J Bot, 96 (7): 1300-1312.

Gupta S M, 1996. Plants in Indian temple art. Delhi: B.R. Publishing Corporation, 241.

Grimwood, B, 1975. Coconut palm products: Their processing in developing countries. Rome: Food Agriculture Organization of the United Nations.

Gunn B F, Baudouin L, Olsen K M, 2011. Independent origins of cultivated coconut (*Cocos nucifera* L.) in the old world tropics [J]. PLoS ONE, 6 (6): e21143.

Harries H C, 1971. Coconut varieties in America. Oleagineaux, 26, 235-242.

Harries H C, 1989. Malesian origin for a domestic *Cocos nucifera*. In: The Plant Diversity of Malesia [M]. Proceedings of the Flora Malesiana Symposium.

Harries H C, 1978. Evolution, dissemination, and classification of *Cocos nucifera* [M]. Botanical Review, 44: 265.

Harries H C, Baudouin L, Cardena R, 2004. Floating, boating and introgression: Molecular techniques and ancestry of the coconut palm populations on Pacific islands [J]. Ethnobot Res and App, 2: 37-53.

Harries H C, Clement C R, 2014. Long-distance dispersal of the coconut palm by migration within the coral atoll ecosystem [J]. Ann Bot, 113 (4): 565-570.

Hewlings S, 2020. Coconuts and health: different chain lengths of saturated fats require different consideration [J]. Journal of Cardiovascular Development and Disease, 7 (4): 59.

Huang J M, Liu X Q, Lan Q X, et al., 2016. Proteomic profile of coconuts [J]. European Food Research and Technology, 242 (3): 449-455.

Ignacio I F, Miguel T S, 2021. Research opportunities on the coconut (*Cocos nucifera* L.) using new technologies [J]. South African Journal of Botany, 141: 414-420.

Javel I M, Bandala A A, Salvador R C, et al., 2018. Coconut Fruit Maturity Classification using Fuzzy Logic. In Proceedings of the 2018 IEEE 10th International Conference on Humanoid, Nanotechnology, InformationTechnology, Communication and Control, Environment and Management (HNICEM), Baguio City, Philippines, 29 November-2 December, 1-6.

Johnson D V, 2010. Tropical palms. Non-wood forest products #10/Rev.1. Rome: FAO, 256.

Khalil R T, Alshimy A, Elsherbini E, et al., 2023. Disinfection of 3D-printed surgical guides using virgin coconut oil (in vitro study) [J]. BMC Oral Health, 23 (1): 379.

Kitalong A H, Balick M J, Rehuler F, et al., 2011. Plants, people, and culture in the villages of Oikull and Ibobang, Republic of Palau. Terra Australis, 35: 63-85.

Konan B R, Assa R R, Nestor K K, et al., 2017. Variation of physico chemical parameters of coconut (*Cocos nucifera* L.) haustorium during germination[J]. International Journal of Agronomy and Agricultural Research, 10 (5): 17-25.

Koschek P R, Alviano D S, Alviano C S, et al., 2007. The husk fiber of *Cocos nucifera* L. (Palmae) is a source of anti-neoplastic activity [J]. Brazilian Journal of Medical & Biological Research, 40 (10): 1339-1343.

Lauzon R D, 2005. Physico-chemical properties and processing possi-bilities of macapuno cultivars developed at Leyte State University. Philipp J Crop Sci 30:55-60.

Lebrun P, N'Cho Y, Bourdeix R, et al., 2003, editors. Genetic diversity of cultivated tropical plants. Paris, France: Science Publishers, Inc. and CIRAD, France, 219-238.

Leser P, Murdock G, 1960. Africa: Its peoples and their culture history [J]. Technology and Culture, 1: 256.

Li J, Htwe Y M, Wang Y, et al., 2019. Analysis of sugars and fatty acids during haustorium development and seedling growth of coconut [J]. Agronomy Journal, 111 (5): 2341.

Manivannan A, Bhardwaj R, Padmanabhan S, et al., 2018. Biochemical and nutritional characterization of coconut (*Cocos nucifera* L.) haustorium [J]. Food Chemistry, 238: 153-159.

Man N, Shah J A, 2020. Acceptance of new coconut seed matag among coconut growers in bagan datoh, perak and bachok, kelantan [J]. International Journal of Academic Research in Business and Social Sciences, 10: 1-26.

Marina A M, Man Y B, Nazimah S A, et al., 2009. Antioxidant capacity and phenolic acids of virgin coconut oil [J]. Int J Food Sci Nutr, 60: 114-123.

Martinez R, Baudouin L, Berger A, et al., 2010. Characterization of the genetic diversity of the tall coconut (*Cocos nucifera* L.) population by molecular markers microsatellite (SSR) types in the Dominican Republic [J]. Tree Genet Genom, 6: 73-81.

Mashud N, Lumentut N, Masing V, 2004. Perbanyakan kelapa kenaridan kopyor memlalui kultur embrio. Monograf Agronomi Kelapa, 16-23.

Nayar, N Madhavan, 2017. The Coconut: Phylogeny, Origins, and Spread [J]. Academic Press, 10-21.

Nguyen Q T, Bandupriya H D, Lopez-Villalobos A, et al., 2015. Tissue culture and associated biotechnological interventions for the improvement of coconut (*Cocos nucifera* L.): A review [J]. Planta, 242: 1059-1076.

Nguyen Q T, Bandupriya H D D, Foale M, et al., 2016. Biology, propagation and utilization of elite coconut varieties (makapuno and aromatics) [J]. Plant Physiol Biochem, 109: 579-589.

Novarianto H, Maskromo I, Dinarti D, et al., 2014 Production technology for kopyor coconut seednuts and seedlings in Indonesia [J].Cord, 30 (2): 31-40.

Nwangwa E K, 2012. The Reno-Protective effects of coconut water on the kidneys of diabetic wistar rats [J]. Journal of health science (1).

Ohler J G, Franqueville H D, Mariau D, et al., 1999. Modern coconut managementpalm cultivation and products [J]. Modern Coconut Management Palm Cultivation & Products.

Omar A B H, 1919. Races of coconut palm. The Garden's Bulletin, 2, 143.

Patil U, Benjakul S, 2018. Coconut milk and coconut oil: Their manufacture associated with protein functionality [J]. J Food Sci, 83 (8): 2019-2027.

Pearsall J, 1999. (Ed.). Concise Oxford Dictionary. Tenth Edition. Clarendon Press, Oxford, UK, 1666.

Perera L, Baudouin L, Mackay I, 2016. SSS markers indicate a common origin of selfpollinating dwarf coconut in south-east Asia under domestication [J]. Sciential Horticulturae, 221: 255-262.

Prades A, Dornier M, Diop N, et al., 2012. Coconut water uses, composition and properties: a review [J]. Fruits, 67 (2): 87-107.

Prathapan A, Rajamohan T, 2011. Antioxidant and antithrombotic activity of tender coconut water in experimental myocardial infarction[J]. Journal of Food Biochemistry, 35 (5): 1501-1507.

Rajesh M K, Arunachalam V, Nagarajan P, et al., 2008. Genetic survey of 10 Indian coconut landraces by simple sequence repeats (SSRs) [J]. Sci Hortic, 118:282-287.

Randhawa M S, 1980. A History of Agriculture in India [M]. Vol. 1. Indian Council of Agricultural Research, New Delhi, India, 541.

Rigby J F. A fossil *Cocos nucifera* L, 1995. fruit from the latest Pliocene of Queensland, Australia. Global environment and diversification of plants through geological time: Birbal Sahni Centennial Volume, Society of Indian Plant Taxonomists, Allahabad, 379-381.

Salil G, Rajamohan T, 2001. Hypolipidemic and antiperoxidative effect of coconut protein in hypercholesterolemic rats [J]. Indian J Exp Biol, 39 (10): 1028-1034.

Santoso U, Kubo K, Ota T, et al., 1996. Nutrient composition of kopyor coconuts (*Cocos nucifera* L.) [J]. Food Chem, 57: 299-304.

Sauer J D, Riley C, 1971. A re-evaluation of the coconut as an indicator of human dispersal [M]. Man across the sea. Austin, TX: University of Texas Press, 309-319.

Shen X, Wang T, Wei J, et al., 2023. Potential of near-infrared spectroscopy (NIRS) for efficient classification based on postharvest storage time, cultivar and maturity in coconut water [J]. Foods, 12 (12): 2415.

Shukla A, Mehrotra R C, Guleria J S, 2012. Cocos sahnii Kaul: a *Cocos nucifera* L.-like fruit from the Early Eocene rainforest of Rajasthan, western India [J]. J Biosci. 37 (4): 769-776.

Singh H, Shukla A, Mehrotra R C, 2016. A fossil coconut fruit from the early Eocene of Gujarat [J]. Journal of the Geological Society of India, 87(3): 268-270.

Tansakul A, Chaisawang P, 2006. Thermophysical properties of coconut milk [J]. Journal of Food Engineering, 73 (3): 276-280.

Tomlinson P B, 2006. The uniquencess of palms [M]. Botanical Journal Linnean Society, 151: 5-14.

Verin P. Mokhtar G, 1981. Madagascar. In (Ed.), General history of Africa II [M]. Ancient civilizations, 693-713.

Ward G, Brookfield M, 1992. The dispersal of the coconut: did it float or was it carried to Panama [J]? J Biogeogr, 19: 467-468.

Watt G, 1889. Dictionary of economic products of India [M]. *Cocos nucifera* L, 1: 415-416.

Weymouth H C H, Dorset E, 1990. Malesian origin for a domestic *Cocos nucifera* [J].plant diversity of malesia. 351-357.

Yong J W, Ge L, N g Y F, Tan S N, 2009. The chemical composition and biological properties of coconut (*Cocos nucifera* L.) water [J]. Molecules, 14 (12): 5144-5164.

第六章
槟榔概述

槟榔（*Areca catechu* L.）为棕榈科槟榔属高大乔木，按功能可分为食用槟榔和药用槟榔。中文"槟榔"是印尼语"pinang"的音译，在国内也有许多不同的叫法，如榔玉、宾门、橄榄子、青仔、国马、大腹子、海南子等（NAIR，2010；贾哲，2017）。槟榔是我国著名的四大南药（槟榔、益智、砂仁、巴戟天）之一（候文珍，2016；李小婷，2015）。槟榔性温，味苦、辛，归胃、大肠经。具杀虫、消积、行气、利水、截疟等功效，在临床中多用于治疗蛔虫、绦虫病，食滞，腹胀痛，疟疾等疾病。

槟榔单干直立，树干可高达15~20米，树冠大多呈伞形。槟榔根系为须根系，没有明显的主根，茎干上次生根有400多条，次生根上又分生支根，由此形成强大的根系，入土可达1~2米。槟榔茎干幼龄期呈翠绿色，成龄期呈灰褐色。茎干直挺不分枝，胸径10~20厘米，有环状的叶痕，称为节。成龄树每年抽生新叶7~10片，叶为大型羽状全裂，叶片浓绿色，革质柔软，聚生于茎顶，长1.5~2.0米，由叶片和叶鞘组成（图6-1）。槟榔异花授粉，雌雄同株，雌雄异花，穗状花序着生在节上。发育前期由苞片包裹，呈船形，黄绿色，苞片开裂后出现肉穗花序。雌花位于次花轴的近基部，雌花无柄，具有两轮花被，子房内有 6 枚退化的雌蕊，子房呈穹顶形。雄花小，着生于花枝上部，含 6 枚雄蕊。成龄槟榔树每年花苞数 3~6 个，雌花数量 300~500 个，成果率约为 20%，产量视管理水平，株产为 4~15 千克（图 6-2）。果实形状主要有长椭圆形、椭圆形、卵形、近圆形、长锥形、枣形等，果实未成熟时为青绿色，成熟时为橙黄色。果实由果皮和种子组成，外果皮革质，中果皮初为肉质，成熟时为纤维质，内果皮为木质。槟榔果实一般为单室，内含种子 1 枚，由胚、胚乳和种皮组成，呈倒卵形（子弹形），胚乳微红色，间杂波浪形暗黑色线。

图 6-1　槟榔树

图 6-2　槟榔果串

第七章
槟榔的起源、分布与传播

第一节　槟榔的起源

迄今为止，槟榔起源于哪个国家尚无确切的证据。有研究认为起源于菲律宾，也有研究认为起源于马来半岛及邻近的岛屿，还有其他研究认为起源于印度尼西亚。印度人 Bavappa 认为，槟榔起源于东印度群岛的马来半岛、加里曼丹岛、苏拉威西岛接壤地区，证据是在该地区发现了槟榔属 24 个种（覃伟权，2010）。

第二节　槟榔的分布

槟榔是典型的热带植物，主要分布在热带及亚热带边缘地区，主要包括亚洲热带地区、东非至欧洲部分地区、密克罗尼西亚沿线的岛屿。另外中美洲一些国家也有分布的记录。印度、中国（海南、云南）、巴基斯坦、斯里兰卡、缅甸、泰国、柬埔寨、越南、马来西亚、印度尼西亚、菲律宾、马达加斯加、科摩罗及阿拉伯半岛等国家和地区是槟榔的主产区，太平洋地区槟榔主要分布在巴布亚新几内亚、所罗门群岛、斐济、密克罗尼西亚以及瓦努阿图，这些国家均有嚼食槟榔的习惯（Balasimha et al., 2004）。槟榔已成为这些地区人们的生活必需品，融入了日常生活，并与宗教和文化紧密相连，因而被广泛地栽培。

第三节　槟榔的传播

关于槟榔，有据可查的记载最早出现在公元前 900 年左右。古印度诗人马哥的诗里记载了讫哩史那王（Krishna，印度神话中护持神昆湿奴 Vishnu 第八化身之有名印度神）所率领的士兵饮用椒汁和嚼槟榔籽的情景。汉武帝开拓封疆时，于元封元年（公元前 110 年）从南越引种槟榔树百余株，于是在司马相如的《上林赋》中第一次出现槟榔的身影，槟榔作为贡品现身长安（梁隆炜，1999）。他写道："留落胥余，仁频并闾"；仁频（频音宾），就是今天说的槟榔树，并闾则是棕树。这个意象，在左思的《吴都赋》里，便发挥成："槟榔无柯，椰叶无阴"。南北朝时期槟榔广泛流行，滥觞于此。

另外从史书里找出很多南海岛国有关槟榔的记载，如扶南"有甘蔗、诸蔗、安石榴及橘，多槟榔，鸟兽如中国"，永明二年（484 年）上表称臣，末附贡品名单，就包括"玳瑁槟榔柈一枚"，也就是一个玳瑁作的槟榔盘（《南齐书》卷五十八《东南夷·扶南》）。而干陁利国的槟榔，则"特精好，为诸国之极"（《梁书》卷五十四《诸夷·干陁利国》）。他们"四时皆食生菜，以槟榔汁为酒"(《旧唐书》卷一百九十七《南蛮·林邑国》)，"皆非麹蘖所酝，饮之亦醉"(《宋史》卷四百八十九《外国五·三佛齐》)。比起不胜酒力的以茶当酒，别有风味。槟榔在当地虽然常见，可也被当作婚嫁大事的随礼，"凡嫁娶，纳槟榔为礼，多至二百盘"(《新唐书》卷二百二十二《南蛮下·哥罗拘蒌蜜》)，具体的次序则是："婚聘之资：先以椰子酒，槟榔次之，指环又次之，然后以吉贝木棉布，或量出金银成其礼"(《宋史》卷四百八十九《外国五·勃泥》)。平时飨客，亦多用之；在真腊，"客至，屑槟榔、龙脑、香蛤以进"，"以槟榔相遗，此风俗待宾之厚意也"。而文化事业，也少不了槟榔的功劳，"缅国为西南夷，其文字进上者，用金叶写之，次用纸，又次用槟榔叶"(《元史》卷二百十《外夷三·缅国》)。佛家弟子，贝叶写经；南海诸王，槟叶上表。一出手都是芬芳满室，难怪这两种宝贝都能顺利传入，流衍中土。

关于中国史籍对槟榔进行的详细介绍，最早见于杨孚《异物志》。杨孚，汉和帝时（89~105年）人，贾思勰在《齐民要术》中引其书曰："槟榔，若笋竹生竿，种之精硬，引茎直上，不生枝叶，其状若柱。其颠近上末五六尺间，洪洪肿起若瘣焉。因坼裂，出若黍穗，无花而为实，大如桃李。又生棘针，重累其下，所以卫其实也。剖其上皮，煮其肤，熟而贯之，硬如干枣。以扶留、古贲灰并食，下气及宿食、白虫，消谷。饮啖设为口实"；书中不但描述了槟榔树的形状，还介绍了药用和吃法。"种之精硬"费解，李时珍《本草纲目》卷三一："初生若笋竿，积硬引茎直上"，则是积久坚硬的意思。"剖其上皮，煮其肤，熟而贯之"者，可以参见《太平御览》卷九七一引《云南记》："云南有大腹槟榔，剖之为四片者，以竹串穿之，阴干则可久停"；可见那时候的吃法有煮制和阴干两种，煮制和现在湖南吃法相似，阴干之法，则似失传。

第八章
槟榔资源多样性与槟榔产业

第一节 种质资源多样性

印度是最早对槟榔开展系统性研究的国家，印度中央大宗作物研究所（CPCRI）对槟榔的研究取得一系列成果，印度CPCRI的维托（Vittal）地区试验站建有槟榔种质资源圃，先后收集了包括斐济、毛里求斯、中国、印度尼西亚、斯里兰卡及本地种质资源117份，包括5种类型的槟榔（图8-1）。斯里兰卡建有槟榔实验站，建立的种质资源圃主要保存其本国的种质资源（Balasimha et al., 2004）。此外，槟榔不同种质资源花色也不同（图8-2），果型也有不同（图8-3）。

图 8-1　槟榔种质资源多样性

图 8-2　槟榔种质资源不同花色

第八章 槟榔资源多样性与槟榔产业 | 153

图 8-3 槟榔种质资源不同果形及剖面

目前中国槟榔主要种植区域在海南及台湾地区，中国热带农业科学院拥有我国保存量最大的槟榔种质资源圃，收集国内外种质资源 113 份（黄丽云，2020），国内资源来自海南、云南、台湾，国外资源主要来自科摩罗、印度尼西亚、泰国、越南、斯里兰卡等，并对资源开展了系统的鉴定评价工作，为进一步的新品种培育奠定良好的物质基础。槟榔主要从果形进行分类鉴定，可分为长椭圆形、椭圆形、圆形、卵形、枣形、倒卵形等（图 8-4），表现出丰富的遗传变

图 8-4 槟榔果实多样性

异(黄丽云，2011)。

中国热带农业科学院利用保存的槟榔种质资源选育出了"热研1号"槟榔品种(图8-5)，于2014年经全国热带作物品种审定委员会审定通过，成为目前我国唯一的国审槟榔品种(李和帅，2011)，该品种的特点：① 果形好。果实为长椭圆形，果肉厚，槟榔碱含量高，加工后外形纹路细腻清晰，具有最符合加工市场需求的特性。② 高产稳产。平均年产鲜果 9.52 kg/株，相比海南农家自留种产量提高约12%。③ 节间短。树体节间较短且性状稳定，有利于田间管理、果实采摘及降低风害影响。

单株树冠

树干（近圆柱形）

花序

雄花、雌花

槟榔鲜果　　　　　　　　　成熟种果

图 8-5 "热研 1 号"槟榔的主要特征

第二节　产业发展现状

20 世纪 80 年代，随着改革开放及市场经济的放开，槟榔种植进入快速发展期，成为海南和台湾地区重要的经济作物。据国际粮油组织（FAO）数据库及海南省统计年鉴数据，海南 1952 年槟榔种植面积为 1.6 万亩，产量 1 185 吨，台湾 1961 年槟榔收获面积也仅为 0.9 万亩，产量 3 718 吨。但从 1983 年开始，随着湖南及台湾地区嚼食槟榔加工和销售行业的日趋兴旺，槟榔价格倍增，槟榔种植业也因此获得了较高的利润，利之所趋，槟榔种植业也因此得以迅猛发展，其种植面积和产量迅速增长。海南槟榔产业从 20 世纪 90 年代中后期发展速度加快，每年新增种植面积平均在 2.3 万亩以上。1990 年海南槟榔种植面积为 15.2 万亩，产量 3 860 吨，到 2020 年增加到 187.03 万亩，产量 28.33 万吨。台湾槟榔产业发展进度与海南相似，从 1983 年的收获面积 5.9 万亩，产量 3 万吨，增长到 2019 年的 61.4 万亩，23.61 万吨（图 8-6）。

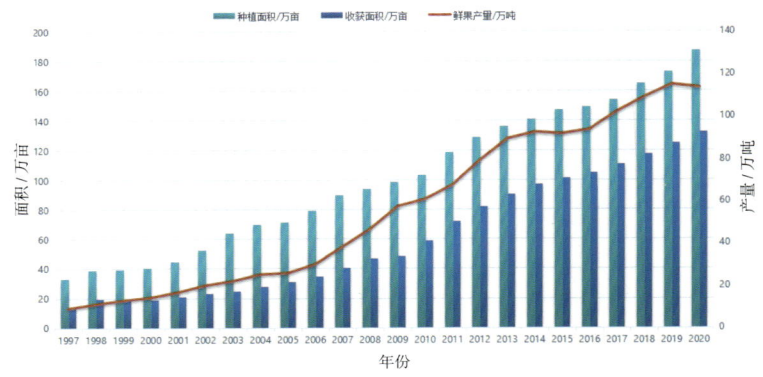

图 8-6　1997—2020 年海南槟榔种植面积和产量情况

注：根据历年海南统计年鉴数据整理

据 FAO 统计，2021 年全球共种植槟榔 1 356.15 万亩，产量达到 122.41 万吨。我国是槟榔的第二大生产国，仅次于印度。2021 年《中国市场监管报》发文称，2011—2018 年，中国槟榔产业产值从 558 亿元上涨至 781 亿元，且呈继续上涨趋势。当前槟榔已经成为海南热带作物的"第一大产业"，并成为海南中东部地区 230 万农民收入的主要来源，占全省农业人口的 40% 以上，槟榔鲜果年产值约 200 亿元，占种植业总产值的 23%；产品初加工产值 213 亿元，占农产品初加工总产值的 30%。种植槟榔农民人均收入 8 695.6 元。特别是近年来，橡胶价格低迷，农民橡胶收入减少后，槟榔产业对海南农民增收的重要性进一步突显。可以说，槟榔产业发展问题成了关乎海南 230 万农民切身利益的重大民生问题，槟榔产业在海南实施乡村振兴战略、做强做优热带特色高效农业中发挥着举足轻重的作用。

由于海南独特的地理区域优势，非常适宜槟榔种植。海南槟榔种植面积、年产量、收购量均占全国的 95% 以上（不含台湾）。由于槟榔种植成本低、管理粗放，经济效益好，近 20 年来，海南槟榔种植业飞速发展，种植面积大幅增加，是海南发展最为迅速的农业支柱产业。

目前海南槟榔鲜果初加工由农户加工与企业加工，并逐步发展为企业初加工为主，初加工主要分布在万宁、琼海、陵水、定安、屯昌等市县。而深加工主要集中在湖南省，加工成品销往上海、广州、深圳、台湾等地，部分返销海南，由此全国槟榔产业从业人数超过300万人，而与槟榔产业相关的产业，其从业人数更是超过1 000万人。

海南省发展槟榔产业具有得天独厚的优势。一是国内适宜槟榔种植区域有限，海南槟榔种植面积占全国面积的95%以上，国内不存在竞争；二是国际上也不存在竞争，虽然越南、印度等国都有种植，但品种与我国不同，市场接受程度明显不如海南产槟榔。槟榔种植需要足够的光热自然条件，无法在海南以外其他区域规模化扩大种植。目前槟榔已成为海南第一大热带经济作物，是单位面积产值突出的优势热带经济作物，槟榔种植是海南山区农民脱贫致富的重要途径。海南省槟榔产业链由科研、种植、加工、旅游和文化等环节组成。其中槟榔种植业和深加工是槟榔产业链中效益最高的环节。

一、种植业

海南是我国槟榔的主产区，近30年海南省槟榔种植面积增长较快，根据海南省统计年鉴记载，由1985年的4.97万亩增加至2020年的187.03万亩，增加了32.2倍，涉及种植户70多万户200多万人，占全省农业人口的41.37%。2020年海南省槟榔干果产值190亿元，其中种植面积在10万亩以上的市县有6个，分别为万宁、琼海、屯昌、琼中、定安和保亭，共计115.9万亩，占全省槟榔种植面积的70.24%（表8-1）。国家统计局海南调查总队统计结果显示，2016—2018年，海南农民人均出售槟榔金额分别为538.0元、852.6元和931.4元，占海南农户收入来源的占比越来越高。

表 8-1　海南省各市县槟榔种植情况

地区	年末面积（万亩）	收获面积（万亩）	干果总产量（万吨）
海口市	4.49	2.03	0.34
三亚市	8.72	7.07	2.47
五指山市	3.53	2.51	0.60
文昌市	5.58	3.34	1.00
琼海市	25.32	20.33	4.26
万宁市	27.21	21.99	4.28
定安县	14.22	9.19	2.47
屯昌县	19.73	12.80	2.46
澄迈县	7.74	5.32	1.78
临高县	0.17	0.02	0.008
儋州市	0.95	0.45	0.13
东方市	1.00	0.21	0.03
乐东县	7.63	6.55	1.57
琼中县	19.36	12.38	2.41
保亭县	10.05	7.19	2.08
陵水县	6.34	5.69	1.08
白沙县	2.79	0.71	0.24
昌江县	0.08	0.01	0.000 4

调查发现，海南省低产槟榔园（槟榔单株产量1.5~2.5千克/年）约占全省种植面积的40.7%，中产槟榔园（槟榔单株产量4~5千克/年）约占全省种植面积的42.4%，高产槟榔园（槟榔单株产量6千克/年以上）约占全省种植面积的16.9%。全省槟榔高产区主要集中在陵水、保亭、乐东、琼海和屯昌，单株平均产量5.6千克/年。

二、加工业

2018年，海南省槟榔鲜果平均收购价格为17元/千克；加工后的干果中,黑果约占 25%,价格 60 元 / 千克,白果占 75%,价格 75~160 元 / 千克。海南省 99% 的槟榔鲜果都加工成干果(半成品)供应到湖南省和海南省的企业进行深加工(图 8-7、图 8-8)。

图 8-7　槟榔干果(半成品)

图 8-8　槟榔干果加工

我国槟榔深加工企业有上百家，主要集中在湖南省。其中，以产值超过 10 亿元的 7 家企业为主，分别是湖南省的口味王、皇爷、胖哥、小龙王、伍子醉、和畅、宾之郎。海南省槟榔深加工企业主要有 4 家，分别是海南口味王科技有限公司、海南和畅食品科技有限公司、海南雅利农业开发有限公司和海南绿槟榔科技有限公司。海南槟榔初加工企业有 400 多家，目前黑果加工企业仅有 12 家。2018 年，4 家槟榔深加工企业的加工产量约 1.25 万吨（占全省干果总量的 4.6%），产值约 17.5 亿元。

第九章
槟榔主要功效及用途

槟榔被列为中国四大南药（槟榔、砂仁、益智、巴戟天）之首。槟榔全身是宝，其果皮、种子、花等均可入药。槟榔亦是世界四大嗜好品（尼古丁、乙醇、咖啡因、槟榔）之一，食用方式主要分为鲜果嚼食和干果嚼食，在槟榔种植地区多为鲜果嚼食，其他地区以干果嚼食为主。除此之外，槟榔果皮可用于提取鞣料、单宁，供制皮革和染料等。

第一节　药用价值

槟榔性味苦、辛、温，归胃、大肠经，具有杀虫、消积、下气、行水、截疟等功效，主要用于治疗虫积食滞、脘腹胀痛、水肿、脚气、痢疾、绦虫病、胆道蛔虫、血吸虫病等（孙思邈，1998），外用治疗青光眼等症。其果仁（图9-1）、果皮（大腹皮)、花、花苞(大肚皮)和根等常用作中药材。嚼食槟榔可使胃肠平滑肌张力升高,增加肠蠕动,促进消化液分泌,增加食欲,适量食用槟榔具有保健作用。成熟的果皮(椰壳)称为大腹皮(图9-2),主治腹胀、水肿等症(李时珍,2004)。花苞可治腹水,健胃,疗腹胀,散气滞,止霍乱(图9-3)。

早在汉代,《三辅黄图》中就有槟榔,晋代的《肘后备急方》就已经详细记载了槟榔的药用价值。据药监部门统计,市面上常见的中成药品中有两百多种成分中含有槟榔,入药的槟榔一般为槟榔果中成熟的果仁,有杀虫、破积行滞、行水化湿的功效。日

图9-1 槟榔果仁及其切片

图9-2 槟榔花茶

图9-3 槟榔中成药

常生活中常用的"四磨汤",主治婴幼儿、老年人的食内滞,腹胀腹痛、啼哭不安、厌食纳差、腹泻或便秘等。另外我们常见的健胃消食片、木香槟榔丸等均含有槟榔(图9-4)。

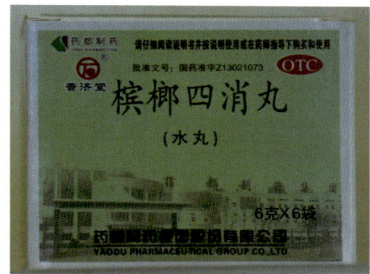
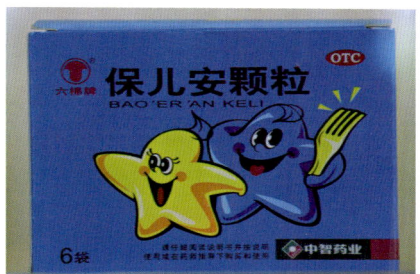

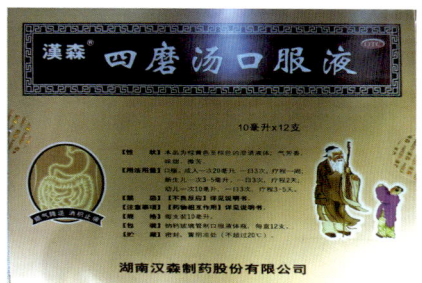

图 9-4　槟榔中成药

一、驱虫作用

在中医学中,槟榔作为驱虫药使用。研究表明,槟榔碱是驱虫的有效成分,对猪带绦虫、牛肉绦虫具有麻痹作用,对钩口绦虫、无钩口绦虫及短小绦虫和肝吸虫有抑制作用,对猪蛔虫、蚯蚓、水蛭及钉螺均有灭虫作用(刘东林,2013)。槟榔与南瓜子同用,治疗绦虫(丰燕,2017)。此外,槟榔还与使君子、苦楝皮同用,治疗蛔虫;与乌梅、甘草同用,治疗姜片虫。

二、降血脂作用

高血脂能够加速动脉硬化，是导致心脑血管疾病的主因。胆固醇和甘油三酯是血脂的主要指标。国内外均有研究证明，槟榔提取物在高脂饲料喂养的动物试验中能强烈抑制胆固醇的吸收，在高甘油三酸酯饲料喂养的动物试验中能强烈抑制甘油三酯的吸收、降低血脂浓度。

Yi 等（2022）发现槟榔中富含多酚。在其随后的研究中发现槟榔多酚通过增加肠道微生物群中有益细菌的丰度和降低固醇调节元件结合蛋白2（SREBP2）和3-羟基-3-甲基戊二酰辅酶A还原酶（HMGCR）的表达来改善西式饮食喂养的小鼠而诱导的血脂异常（Yi et al., 2023）。

三、抗氧化作用

槟榔所含成分具有较强的清除体内过剩自由基的能力，抑制人体内过量的自由基引发癌症、中风、肺气肿和白内障等多种疾病，其抗氧化能力比维生素E还强。中国热带农业科学院郑亚军等的研究表明，槟榔红色素对两种自由基（DPPH和OH）的清除能力较强，对脂质过氧化的抑制能力很强，抑制率高达79.84%，高于维生素E，说明槟榔红色素是较好的抗氧化剂。

四、抗动脉硬化作用

血管内皮细胞乙酰胆碱激靶标（endothelial target for acetylcholine, ETA）在哺乳动物血管内皮细胞广泛存在，是动脉粥样硬化病变中最早出现功能改变的标志性蛋白。研究表明，ETA拮抗剂具有明确的损伤内皮细胞及血管平滑肌细胞的作用，而ETA激动剂槟榔碱能有效地延缓动脉粥样硬化的发展。因此，槟榔碱可作用于特异性血管内皮细胞药物作用新靶点，具有良好的抗动脉粥样硬化应用前景。

五、对增生性瘢痕形成有抑制作用

增生性瘢痕为烧伤或创伤愈合后所遗,目前尚无特效治疗方法。解放军总医院通过实验验证了槟榔提取物能够抑制烧伤后瘢痕组织的成纤维细胞生长和胶原合成,并呈剂量依赖关系。

六、抗癌作用

癌症(恶性肿瘤)严重危害人类的健康。手术和放疗、化疗是癌症常规治疗方法。在治疗过程中常需选用一些具有保健功效的食品作为补充治疗。近年来,各种具有防癌抗癌作用的天然植物受到广泛关注,成为研究热点。研究发现槟榔碱能够通过降低人基底细胞癌 IL-6 的表达,并诱导癌细胞的凋亡和细胞周期阻滞,进而阻止癌细胞的发展。另有研究表明,槟榔所含的多酚类物质对宫颈癌细胞(Hela)和乳腺癌(MCF-7/ADM)等肿瘤细胞株具有显著的抑制作用,并且存在良好的剂量—效应关系,在辅助抗肿瘤的保健食品研制方面具有较好前景。

七、抗菌作用

槟榔多酚能够抑制细菌、真菌和酵母菌,尤其对引起化脓性感染、烧伤和外伤的金黄色葡萄球菌和大肠杆菌、霍乱菌等常见致病细菌有很强的抑制能力。国外还有研究发现槟榔可以抑制口腔链球菌生长。

八、抗抑郁作用

槟榔碱已被报道对精神分裂症的阳性和阴性症状都具有有益的作用。Sullivan 等(2000)通过对居住在密西罗尼西亚帕劳的精神分裂症的人群分析研究表明,嚼食槟榔可用于治疗精神分裂症及精神抑郁症,这主要是由于槟榔中含有槟榔碱等生物碱,作为非选择性毒蕈碱受体激动剂发挥了抗精神疾病的作用。

九、治疗糖尿病作用

槟榔的乙醇提取物具有 α- 糖苷酶抑制作用。95% 的糖尿病人为 2 型，2 型糖尿病人由于胰岛素分泌不足及分泌高峰延迟，餐后血糖持续增高。餐后高血糖是糖尿病血管病变的主要危险因素，因此控制餐后血糖水平是减少慢性血管并发症的关键。α- 葡萄糖苷酶抑制剂可抑制小肠黏膜 α- 葡萄糖苷酶的活性，延缓葡萄糖在肠道的吸收，从而有效降低餐后高血糖。α- 葡萄糖苷酶抑制剂已成为临床降低餐后血糖的一线药物。如德国拜耳公司研制的阿卡波糖和日本武田制药公司研制的伏格列波糖。现有 α- 葡萄糖苷酶抑制剂有胃肠胀气、腹部不适及腹泻等副作用。因此，以 α- 葡萄糖苷酶为作用靶点，从槟榔有效部位中筛选低副作用糖尿病治疗药物或保健食品具有良好的研发前景。

十、其他功效

由于槟榔所含生物碱具有扩张血管的作用，因而具有降压功效。以槟榔碱为先导的新型莨菪类化合物具有促智作用，作为治疗阿尔茨海默病（老年痴呆）的新药，国外已在研制中。此外槟榔还具有促进胃肠平滑肌蠕动、促进消化液分泌等作用。随着对槟榔所含功效成分研究的逐渐深入，对槟榔保健作用的认识和应用也将得到拓展，从而丰富了槟榔产品、促进了槟榔资源利用，推动了槟榔产业健康发展。

第二节　食用价值

槟榔的果实可食用，槟榔种植区域的人民，尤其在太平洋岛屿（密克罗尼西亚、斐济、所罗门群岛）咀嚼槟榔已有 2 000 多年的历史，可追溯至笈多王朝（Gupta，公元前 320—534 年）时期。截至目前咀嚼槟榔仍是当地居民非常流行的传统习惯。咀嚼槟榔,越嚼越香,醇味醉人。槟榔作为继香烟、酒精、可卡因之后的第四大嗜好品逐渐被人们所接受,目前全世界有至少6%~10%的人嚼食槟榔。槟榔食用方式有两种,分为鲜果嚼食和干果嚼食。

一、鲜果嚼食

在我国台湾、海南以及印度等种植槟榔的地区,居民有食用嫩果的习惯,在槟榔种植地区的街头巷尾均有出售(图9-5)。一般是将适宜月份采收的新鲜嫩果,经过简单的加工后与蒌叶、蚶子灰及一些香料混配在一起嚼食(图9-6)。这种吃法既可以

图 9-5　槟榔鲜果

图 9-6　槟榔果与蒌叶

满足市场对鲜果的需要,还可以增加经济效益,同时具有防龋齿、健脾开胃、治水肿、杀虫等功效,吃时有甜感、微醉、有瘾。具体制作方法如下:

① 槟榔切块:先把槟榔切成 3~4 块,然后再把槟榔的外皮和果蒂剥除。② 荖叶准备:将荖叶洗净,切成约两个手指宽。③ 涂灰:将蚶子灰用水调成稀糊状,将香料弄碎,然后在荖叶上涂一点点蚶子灰,再在灰上撒一点点香料,把荖叶打成一个小三角结。④ 成品:最后,把涂上蚶子灰、香料的荖叶和槟榔一起放到嘴里咀嚼,直至仅剩残渣。海南街头随处可见槟榔售卖点,也是槟榔文化一个鲜活的写照(图 9-7)。

图 9-7　海南街头槟榔

二、干果嚼食

槟榔干即槟榔干果,是指由长至4~5个月的槟榔鲜果,经水煮、烘烤等类似工序加工制成的干果。一般经过"挑选→水煮→烘烤"三道工序加工而成。其加工工艺传统简单,即将采收的槟榔鲜果去枝后,放置在锅内加水煮沸,约30分钟后捞出晾干,再将果实进行烘烤(图9-8)。

图9-8 干果制作

根据烘烤方式的不同,椰干有黑果和白果之分。黑果是将果实放在烤炉内用湿柴文火熏烘,每烘烤2~3天翻动1次,连续翻动2次便可,熏烘8~10天后出炉。白果是用电加热蒸汽或煤加热蒸汽烘烤而成的,蒸汽烘烤技术的工作原理是利用热循环将槟榔鲜果吹透,带走水分,从而达到烤干的目的。目前,蒸汽烘烤方式是比较理想的烘烤方式,在节约生产成本、降低能耗、减少环境污染等方面效果显著。椰干产率一般为20%~25%。加工好的槟榔干果再经过人工包装后售卖（图 9-9）。

图 9-9 产品包装

第三节 其他用途

图 9-10 槟榔木餐具

除药用和食用外，槟榔还有其他用途。槟榔茎干和纤维可以用作轻纺工业原料，加工后，可制成优质纤维隔板，用作塑料填充物，还可用来做成槟榔木制品，如碗、勺、铲等（图 9-10）。槟榔叶可编织扇子、草帽等工艺品，也可扎扫帚，东南亚国家还用成年树干和叶片建筑房屋；果实中含单宁和红色染料，可分别提取栲胶和植物性色素；未成熟的果皮，也用于提取鞣料、单宁，供制皮革、染料和药用。槟榔心可供蔬食，在台湾称之为"半天笋"，海南也有食用的习惯，但价格昂贵。

槟榔花的功效与作用：

（1）清热除火：槟榔花味道偏苦，可以起到祛火功效，能够消除血液中的热毒，适宜于容易上火的人士食用。

（2）生津止渴：槟榔花可以润喉去燥，使人清爽舒适，适宜口干、眼干等人群。

（3）化痰止咳：槟榔花对咽喉部有良好的湿润和物理治疗作用，有利于缓解局部炎症，消除局部痒感，从而阻断咳嗽反射。

槟榔花的食用方法：

（1）将槟榔花晒干后可泡水饮用，每日饭后饮用，有清热、健脾的作用。

（2）用槟榔花煲汤，可以和猪肚、鸡、鸭一起煲汤，味道鲜美，有助于消积抗菌（图9-11）槟榔花做的鸡肉煲也是海南人喜爱的一道美食（图9-12）。

图9-11　槟榔花鸡汤

图9-12　槟榔花鸡煲

槟榔还被加工成其他产品，如槟榔烟（图9-13）、槟榔牙膏

（图9-14）、槟榔花蜜（图9-15）和槟榔酒（图9-16）。

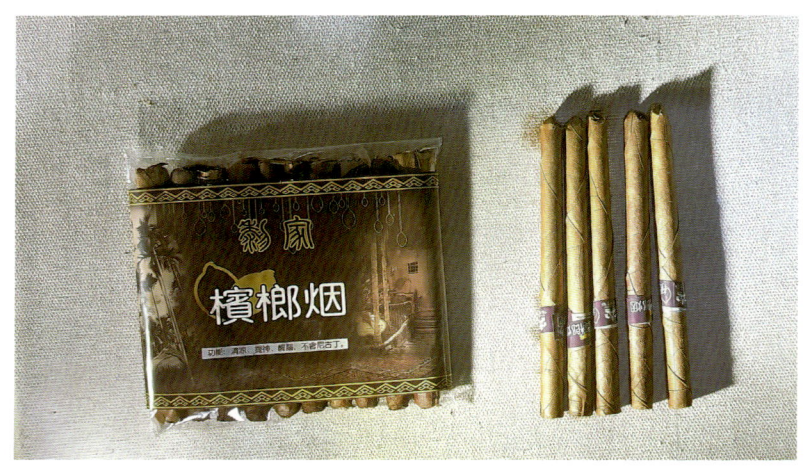

图9-13　槟榔烟

图9-14　槟榔牙膏　　图9-15　槟榔花蜂蜜　　图9-16　槟榔酒

槟榔树由于其茎干挺拔修长，树姿优美，和椰子并称夫妻树，在南方地区常被用来园林绿化（图 9-17、图 9-18）。

图 9-17　槟榔村远眺

图 9-18　槟榔树街道绿化

第十章
槟榔文化

第一节　槟榔文化

在东南亚和中国南方地区,槟榔与人们的生产、生活息息相关,被广泛运用到婚姻缔结、交友待客、祭祀祖先等重要的礼仪场合。其中一些礼俗流传至今,成为民俗文化的特殊象征和载体。

一、槟榔的咀嚼文化

槟榔与海南人民的生活息息相关,海南民族地区的同胞对槟榔尤为喜爱,别有一番深情。海南人爱吃槟榔,早在北宋时期他们就形成了嚼食槟榔的习惯。嚼食槟榔鲜果是件极有趣的事,方法十分别致。先将青嫩的槟榔果切成小块,蘸上贝壳烧成的灰或优质白石灰,包上蒌叶(亦称"扶留叶")一起放在口里细嚼。

初嚼觉味涩，后转香甜，渐有醉意，唾液即变为鲜红，齿、唇也随着变红，两颊出现红晕，好似喝酒一般。宋代大文豪苏东坡谪居海南时，嚼后写下"两颊红潮增妩媚，谁知侬是醉槟榔"的名句，为世人广为传咏。

在东南亚一带，人们自古就形成了嚼食槟榔的生活习惯，且这种风气曾盛极一时（王元林，2005）。柬埔寨、缅甸、文莱、越南等地居民至今仍有嚼食槟榔的习惯。柬埔寨的妇女喜欢吃槟榔，当地女孩子从小就开始嚼槟榔；男人一般不吃槟榔，只有出家多年后还俗的男子才吃。几乎所有缅甸人的家里都备有槟榔，在缅甸的大城市，马路旁边到处可见卖槟榔的小贩。越南的槟榔树种植较多，槟榔果给越南人民的生活增添了不少色彩。越族是越南的主要民族，越族人有嚼槟榔的古传风俗。从前越南妇女以"红脸颊黑牙齿"为美，所以妇女们总要想方设法地把牙齿染黑。

二、槟榔的地方礼仪文化

在海南黎族同胞的眼里，槟榔被赋予了特定的含义。槟榔一方面是待客的上品。李时珍在《本草纲目》里释曰："宾与郎皆为贵客之称，贵客临门先用此果招待，故在宾郎前加木以名槟榔。"《正德琼台志》记有"亲宾来往非槟榔不为礼"。槟榔还是爱情的信物。在黎族男女青年的恋爱、婚姻中，槟榔一直伴随于人们的身边。青年男女相爱后就互赠槟榔，边吃边唱："妹嚼槟榔又唱歌，嘴唇红红见情哥。哥吃槟榔妹送灰，有心交情不用媒。"求婚时，男方要挑选二三百个上好的槟榔作聘礼，结婚之日还得送去五六百个甚至更多，故有"婚用槟榔动以千计"之说。黎族妇女生女后便要在门前种下一棵槟榔树，待女出嫁时，再把它挖出一同"嫁"到男方家。台湾民间流传的吟唱男女青年爱情生活的情歌，将槟榔作为情投意合的比喻或经它寄托爱情的坚贞。早期台湾原住民曾视槟榔为宝物，成为婚嫁必备的礼物之一（图10-1）。

图 10-1　婚嫁必备佳品——槟榔

槟榔待客之礼俗，在我国湖南、广东、广西、福建、台湾也大为盛行。今日之台湾，由于社会风气的变迁和生活习惯的多元化，槟榔成了各种交际应酬场合中的上品，和香烟、茶水一样，成了人们公关必备的礼品。槟榔在市场上已成为畅销的食品，生意兴隆。

"槟榔越嚼越有劲，这口出来那口进，交朋结友打园台，避瘟开胃解油性。"这是一首流传在湘潭街头巷尾的民谣，生动地反映了槟榔与湘潭人民和湘潭饮食文化的不解之缘。很多外地人嚼上一口槟榔，十有八九会"吊吊手，街上走，买槟榔，交朋友。""待人接客，槟榔香烟。""拜年不敢当，进来吃槟榔。"这些诗歌、民谣都生动地反映了槟榔衍生出来的社交功能。槟榔也成了香烟一样的社交工具。出门办事，没有不去槟榔摊上切十来个槟榔的。槟榔现在湘潭已经成为一种被大家普遍认可的社交工具。槟榔似银锭，故民间将此物象征财定。过去每年春节期间一些民间"赞土地"的到各家各户闹春、赞辞，祝贺春节。每当新婚之夜，湘潭农村许多闹新房的人都高兴地接受新郎、新娘送的槟榔，并赞道："新娘槟榔两头翘，一口两口我不要，三口四口不为多，我要五子大登科。"由此可见槟榔在湘潭的人情礼节中占有多高的地位。在各种婚礼、生辰、乔迁等喜宴中，槟榔是礼品盘礼品袋中的吉祥之物，有避邪消灾，升官发财之意。

在东南亚一带，槟榔在婚聘活动中也有十分重要的作用。至今，婚聘活动中以槟榔为礼的习俗在东南亚部分地区仍盛行不衰。在越南，槟榔是缔结爱情的信物。越南民间有句俗话说"嚼槟榔是故事的开端"，其意思就是说建立感情必须从嚼槟榔开始，对青年男女来说是爱情的开始。在越南民俗中，越南人常用蒌叶、槟榔来接待客人，用槟榔做订婚的礼物，还用蒌叶来代替请柬和喜帖。由此可见槟榔在男女青年的恋爱、婚姻中有着一种特殊的地位和作用。

三、与槟榔有关的其他文化

除咀嚼槟榔、婚姻结缔和交友待客外，槟榔还在其他方面发挥特殊的作用，并由此衍生出一些特殊的槟榔文化。如在我国海南，人们用槟榔来缓和矛盾，如有甲乙双方争斗，甲献槟榔给乙，则乙怒立解，"至持以享鬼神，陈于二伏波将军之前以为敬"。在东南亚一些国家，人们除了喜好食槟榔之外，还把槟榔作为重要物品应用到各种习俗中，这是因为槟榔在他们眼中是吉祥、幸福的象征，如槟榔被广泛用于祭祀祖先。在缅甸，有"取（槟榔）以供佛"的习俗。几乎所有缅甸人的家里都备有槟榔。在缅甸的大城市，马路旁边到处可见卖槟榔的小贩，人们一边走一边咀嚼槟榔一边吐出红色的唾液。在柬埔寨的传统节日"亡人节"中，槟榔也是祭祀先祖的用品之一。槟榔还被用于一些岁时民俗及特殊的礼仪中。老挝的"糕饼节"，人们会把糕饼和槟榔、蒌叶、烟叶等物品一起向佛教僧侣布施，同时拿来祭祀去世的亲人。马来西亚马来人举行摆腹生育礼和信仰伊斯兰教的马来人举行割礼，事前准备的物品里必有一盘蒌叶和槟榔，事毕则把其连同其他物品全部送给接生婆或割礼师。缅甸人的剃度礼，在其浩浩荡荡的游行队伍里，必有手持槟榔盒和花盒的姑娘随行（图10-2、图10-3）。

图 10-2　槟榔用于祭祀及宗教活动(斯里兰卡)

图 10-3　传统婚礼上槟榔用于款待宾客(斯里兰卡)

第二节　槟榔诗词

一、槟榔名诗句

1. 槟榔

[宋]郑域

海角人烟百万家,蛮风未变事堪嗟。

果堆羊豕乌青榄,菜饤丁香紫白茄。
杨枣实酸薄纳子,山茶无叶木棉花。
一般气味真难学,日啖槟榔当啜茶。

2. 咏槟榔
[宋]苏轼

异味谁栽向海滨,亭亭直干乱枝分。
开花树杪翻青鲜,结子苞中皱锦纹。
可疗饥怀香自吐,能消瘴疠暖如薰。
堆盘何物堪为偶,蒌叶清新卷翠云。

3. 送李焕云赴恭城主簿
[宋]乐雷发

恭城山水接三湘,应觉他乡是故乡。
官况不妨栖枳棘,客程还见食槟榔。
寒暄未定宜加爱,事业无穷要自强。
千古忠魂如相问,试吟雒井漱吟肠。

4. 题姜秀郎几间
[宋]苏轼

两颊红潮增妩媚,谁知侬是醉槟榔。

5. 读史
[宋]陆游

自古功名亦偶谐,胸中要使浩无涯。
可怜赫赫丹阳尹,数颗槟榔尚系怀。

6. 久寓泉南待一故人消息桂隐诸葛如晦谓客舍不

[宋] 戴复古

寄迹小园中，自笑客异乡。
东家送槟榔，西家送槟榔。
咀嚼唇齿赤，亦能醉我肠。
南人敬爱客，以此当茶汤。
殷勤谢其来，此意不可忘。

7. 台湾竹枝词

[现代] 梁启超

绿阴阴处打槟榔，蘸得蒟酱待劝郎。
愿郎到口莫嫌涩，个中甘苦郎细尝。

8. 次韵胡彦明同年羁旅京师寄李子飞三章一章道

[宋] 黄庭坚

丁未同升乡里贤，别离寒暑未推迁。
萧条羁旅深穷巷，蚤晚声名上细毡。
碧嶂清江原有宅，白鱼黄雀不论钱。
槟榔一斛何须得，李氏弟兄佳少年。

9. 蔬食

[宋] 陆游

肉食从来意自疑，斋盂况与病相宜。
老羝昔作春蔬祟，断稿今无晚钓诗。
陌上烟苕谁采采？墙阴风叶正离离。
人生饥饱初何校，一斛槟榔笑汝痴。

10. 几道复觅槟榔

[宋]黄庭坚

蛮烟雨里红千树,逐水排痰肘后方。
莫笑忍饥穷县令,烦君一斛寄槟榔。

11. 初食槟榔

[明]刘基

槟榔红白文,包以青扶留。
驿吏劝我食,可已瘴疠忧。
初惊刺生颊,渐若戟在喉。
纷纷花满眼,岑岑晕蒙头。
将疑误腊毒,复想致无由。
稍稍热上面,轻汗如珠流。
清凉彻肺腑,粗秽无纤留。
信知殷王语,瞑眩疾乃瘳。
三复增永叹,书之遗朋俦。

12. 咏槟榔

[明]王佐

绿玉嚼来风味别,红潮登颊日华匀。
心含湛露滋寒齿,色转丹脂已上唇。

13. 忽见槟榔诗

[南北朝]庾信

绿房千子熟。
紫穗百花开。
莫言行万里。
曾经相识来。

二、槟榔歌曲

采槟榔

词：殷忆秋　曲：黎锦光

高高的树上结槟榔
谁先爬上谁先尝
谁先爬上我替谁先装
少年郎采槟榔
小妹妹提篮抬头望
低头又想呀
他又美他又壮
谁人比他强
赶忙来叫声我的郎呀
青山高呀流水长
那太阳已残
那归鸟儿在唱
叫我俩赶快回家乡

三、槟榔民谣

1.

槟榔越嚼越有劲，
这口出来那口进，
交朋结友打园台，
避瘟开胃解油性。

2.

吊吊手，街上走，买槟榔，交朋友。

3.

> 养妻活崽，柴米油盐；
> 待人接客，槟榔香烟。

4.

> 拜年不敢当，进来吃槟榔。

5.

槟榔似银锭，故民间将此物象征财富。过去每年春节期间一些民间"赞土地"的到各家各户闹春、赞辞，祝贺春节。主人送口槟榔，赞土地者十分高兴地赞：

> 老板是个财帛星，
> 拿锭元宝赏阳春。（指"赞土地人"）

6.

每当新婚之夜，湘潭农村许多闹新房的人都高兴地接受新郎、新娘送的槟榔，并赞道：

> 新娘槟榔两头翘，
> 一口两口我不要，
> 三口四口不为多，
> 我要五子大登科。

7.

湘潭农村历来喜欢唱花鼓戏。逢年过节，唱得好的，观众向台上掷槟榔。清人所作《潭州竹枝词》中，对此有形象地描绘。

> 风流妙剧话情扬，
> 艳姿娇容雅擅长，
> 一串珠喉歌婉转，
> 有人台下掷槟榔。

8.

抗美援朝时,1954年志愿军归国代表团柴川若等一行到湘潭县城(现湘潭市区),一位姓黄的军属送他一包槟榔,上写:"槟榔糖粒,打败美帝,瓜子香烟,支援朝鲜"。一时传为佳话。

四、民间传说

传说(一)

很久以前,在五指山下一个黎寨里,住着一位名叫佰谬的姑娘。她勤劳善良,心灵手巧,她织出的筒裙,使美丽的孔雀都不敢开屏;她唱歌的时候,连百鸟都要停立静听。五指山下方圆几百里的青年人都争先恐后地向她求婚。佰谬对他们说:"我不爱谁家的家产,我只爱对爱情坚贞的人。如果谁把五指山顶的槟榔摘给我,谁就是我最爱的人。"许多求婚的人听后都畏怯地回去了。有一位名叫椰果的黎族猎手深深地爱着佰谬,他勇敢地向五指山走去。他穿过了人迹罕见的原始森林,战胜了野兽的袭击,终于攀上了险峻的五指山峰,将一束束槟榔果摘回来送给佰谬姑娘,终于与姑娘结成了幸福的夫妻。从此以后,当地人民便把槟榔果作为定亲的信物。所以海南农村青年男女之订婚谓之"送槟榔"。

传说(二)

嚼槟榔是云南西双版纳傣族日常生活中不可缺少的嗜好,大凡上了年纪的傣族老人,闲暇时常以嚼食槟榔果为乐。傣族为什么如此喜爱槟榔呢?相传很久以前,一对傣族老两口被不孝的儿子和媳妇气出了胃病。有一天,老两口在槟榔树下编竹箩,风吹树摇,一大串成熟的槟榔果掉了下来,口干舌燥的老两口顺手摘了一颗放在嘴里嚼,觉得甘甜清凉,生津可口,略带一点涩味。到了晚上,老两口都感到胃里异常舒服,接着吃了几天槟榔果,老两口的胃病居然痊愈了。据说，从此以后，傣族有了嚼食槟榔的习惯。

传说（三）

在西双版纳，槟榔果是财富和吉祥的象征，古时候曾被人们当作货币使用，同时又是傣族青年男女的爱情信物。据说，傣族青年恋爱结婚后，小伙子一般要先到姑娘家上门，义务地服三年劳役，但如果在恋爱期间小伙子能够爬上高高的槟榔树采到槟榔果送给心爱的人，那就可以免去这三年劳役，并把姑娘领回家。

五、五树六花

"五树六花"是佛经中南传佛教规定寺院里必须种植的五种树、六种花。五树是指菩提树、高山榕、贝叶棕、槟榔和糖棕；六花是指荷（莲）花、文殊兰、黄姜花、鸡蛋花、缅桂花和地涌金莲。这些植物因独特的形态被赋予了深厚的佛教内涵。槟榔以其独特的形态特征而被作为五树之一，有着深厚的佛教文化内涵。

第三节　槟榔绘画（图10-4、图10-5）

第十章 槟榔文化

图 10-4　槟榔绘画鉴赏

图 10-5　槟榔剪纸

第四节　槟榔邮票（图 10-6）

图 10-6　槟榔邮票

第五节　槟榔工艺品及文物（图 10-7 至图 10-22）

图 10-7　槟榔盒

图 10-8　民国锡制槟榔高足盘

图 10-9　民国三足黄铜槟榔盘

图 10-10　银质泰国花纹圈口槟榔盖盒

图 10-11　清代满饰花卉漆器槟榔盖盒和大漆槟榔盖盒

图 10-12　铜质槟榔套装盛器

图 10-13　马来西亚铜鎏金缠丝累金四足槟榔盒

图 10-14　古代婚礼时槟榔盛具

图 10-15　清代槟榔纹鎏釉纹赏瓶

图 10-16　晚清镂空雕花槟榔盒

图 10-17　清代镂空槟榔饰物

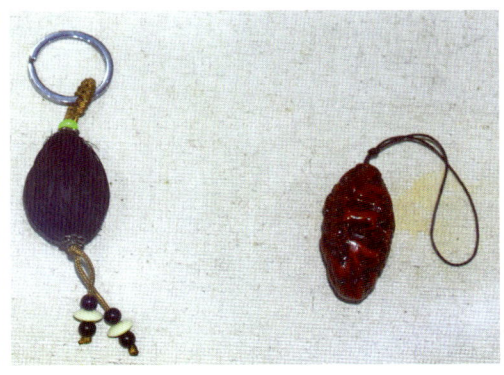

图 10-18　近代槟榔清漆钥匙挂饰

图 10-19　花梨圆雕槟榔果摆件　　图 10-20　缅甸银雕花槟榔盒正面

图 10-21　槟榔福袋

图 10-22　台湾阿美族手织槟榔袋

槟榔文化参考文献

丰燕，阮卫，楼新进，等，2017. 浙江省首例本地感染牛带绦虫的诊断和治疗 [J]. 中国寄生虫学和寄生虫病杂志，35（1）：85-88.

国家药典委员会，2015. 中华人民共和国药典．一部［M］. 北京：中国医药科技出版社：365.

黄丽云，张玉锋，杨耀东，等，2020. 槟榔纤维研究进展［J］. 中国热带农业，2（93）：76-80.

黄丽云，李和帅，曹红星，等，2011. 我国槟榔资源与选育种现状分析 [J]. 中国热带农业，2（39）：60-62.

贾哲，韩婷，刘欢，等，2017. 基于多元统计分析的食用槟榔及药用槟榔主要化学成分的含量对比研究 [J]. 中华中医药杂志，32（11）：384.

李小婷，庞玉新，杨全，等，2015. 四大南药资源开发利用现状分析 [J]. 中国现代中药，17（2）：15.

李和帅，范海阔，黄丽云，等，2011. 槟榔新品种"热研1号"［J］. 园艺学报，38（5）：1011-1012.

李时珍，2004. 本草纲目［M］. 北京：人民卫生出版社：1829-1830.

梁隆炜，1999. 中国通史（图鉴版）第二卷［M］. 北京：中国档案出版社：493.

刘东林，玉小莹，杨冰，等，2013. 槟榔药理毒理研究进展．中国中药杂志，38（14）：2273-2275.

覃伟权，范海阔，2010. 槟榔［M］. 北京：中国农业大学出版社.

孙思邈，1998. 千金方［M］. 北京：中国中医药出版社：144-145.

王元林，邓敏锐，2005. 东南亚槟榔文化探析［J］. 世界民族（3）：63-69.

Balasimha, V.Rajagopal, S.N, 2004. Mohana Gowda, Arecanut. Indian Council of

Agricultural Research: Al Plantation Crops Research Institute, Karavali Colour Cartons Ltd.

Huang L W, Hsieh B S, Cheng H L, et al., 2012. Arecoline decreases interleukin-6 production and induces apoptosis and cell cycle arrest in human basal cell carcinoma cells [J]. Toxicol Appl Pharmacol, 258 (2): 199-207.

NAIR K P P, 2010. Areca nut (Areca catechu L.) [M]//The Agrono-my and Economy of Important Tree Crops of the Developing World, Amsterdam: Elsevier.

Sullivan R J, Allen J S, Otto C, et al., 2000. Effects of chewing betel nut (Areca catechu) on the symptoms of people with schizophrenia in Palau[J]. Micronesia. Br J Psychiatry, 177: 174-178.

Yi S, Zou L, Li Z, et al., 2022. In Vitro Antioxidant Activity of Areca Nut Polyphenol Extracts on RAW264.7 Cells [J]. Foods, 11 (22): 3607.

Yi S, Chen K, Sakao K, et al., 2023. Assessment of Areca Nut Bioactivities in Western Diet-Induced Mice NAFLD Model [J]. Nutrients, 15 (10): 2403.